决胜O2O的七大支柱

泛家居企业如何在互联网和大数据时代生存

李 骞◎著

企业管理出版社

ENTERPRISE MANAGEMENT PUBLISHING HOUSE

图书在版编目（CIP）数据

决胜 O2O 的七大支柱：泛家居企业如何在互联网和大数据时代生存 / 李骞著.
-- 北京：企业管理出版社,2014.8
ISBN 978-7-5164-0924-4

Ⅰ．①决… Ⅱ．①李… Ⅲ．①住宅－室内装修－建筑企业－电子商务－研究
－中国 Ⅳ．① F426.9

中国版本图书馆 CIP 数据核字（2014）第 191692 号

书　　　名	：决胜 O2O 的七大支柱：泛家居企业如何在互联网和大数据时代生存	
作　　　者	：李骞	
责任编辑	：杨苏敏	
书　　　号	：ISBN 978-7-5164-0924-4	
出版发行	：企业管理出版社	
地　　　址	：北京市海淀区紫竹院南路 17 号	邮编：100048
网　　　址	：http://www.emph.cn	
电　　　话	：总编室（010）68701719	发行部（010）68701816
	编辑部（010）68701408	
电子信箱	：80147@sina.com	
印　　　刷	：北京金工印刷有限公司	
经　　　销	：新华书店	
规　　　格	：170mm×230mm　16 开本　16 印张　250 千字	
版　　　次	：2014 年 9 月第 1 版　2014 年 9 月第 1 次印刷	
定　　　价	：50.00 元	

目 录

第一章
泛家居企业迎来 O2O 模式的春天

第一节　泛家居企业的电商困局

第二节　天时：电商变革正当时

第二章
决胜O2O的七大支柱

第三章

线上难下，家居电商如何开辟第二战场

第四章

线下虽难上，但不上不行

第五章
传统渠道变革之一，代理商转型势在必行

第一节　传统经销商的破产并非危言耸听

第六章

传统渠道变革之二 卖场电商化变革

行百里者半九十
O2O 要靠持久的信念

在《决胜O2O的七大支柱》一书还处于采访阶段时，和本书作者李骞有过多次接触。

作为家居行业内有着深刻洞见的资深人士，李骞多次到过美乐乐专卖店进行调研和采访，我去北京出差办事的时候也经常抽空同他进行沟通交流。所以，书中有不少关于美乐乐方方面面的故事。在此，我表示感谢，感谢李骞能够将美乐乐作为该书的重点案例来进行探讨、分析和研究。同时，我希望美乐乐能够给读者们带来诸多商业上的启示，也期待业内的同仁看了美乐乐各种成功或不成功的尝试后，能够给我们提供良好的建议或改进。

相比业内其他企业，美乐乐成立的时间不长，从08年创立期算起，迄今只有六年时间，但美乐乐确实开启了家居产业O2O模式的先河，所以也受到了一些专家学者和媒体的关注和研究。家居产业以前受到的关注度较低，开始热起来，也是最近一两年的事情，更多的人开始研究这个行业，也有更多的行业外人士开始跨界进入这个行业淘金，这些现象对于行业的发展都是好事情。

作为一个互联网人来观察家居行业，这个行业的活儿不仅沉重、繁琐、累人，而且落后、低效。很多本该剔除的不合理部分，我们这个行业却还"抱着不放"；很多本该优化的环节，我们这个行业却还在"坚守"。大概08年之前，甚至4万亿投放效应还未结束的2011年之前，这种不合理、不科学的抱残守缺或许还能比较好地"养活"这个行业。但今天我们看到的是什么？超过一半家居卖场的过剩，大量企业的苟延残喘，无法继续很好地生存下去。用我这个互联网出身的"门外汉"来看，就是整个行业还处在繁冗拖沓的低效阶段，没有从本质上提高行业效率。

也正是基于此，美乐乐看到了互联网对传统家居行业进行改造的前景和未来空间，正如李骞在《决胜O2O的七大支柱》中强调的第一条，效率。美乐乐其实正是干了提升效率的事。电商也好，基于电商平台和线下体验店结合的O2O也罢，美乐乐的本质是降低了过去冗长的渠道成本，打破了过去企业和消费者信息不对称下的价格虚高。所以，我面对媒体记者常毫不讳言地讲，美乐乐是家具暴利时代的终结者。

想必大家也可以看到，在众多家居企业营收剧烈下滑之际，美乐乐却在逆势增长；在众多卖场"不促销，无客流"甚至频频关店的现状下，美乐乐却在全国开了300家体验店；在众多人士看来一片红海甚至是死海的情况下，美乐乐却在家居行业中风生水起，急速而又不失平稳地获得了月销售1.6亿左右、年销售额20亿元的惊人业绩，实现了年均100%增长率。美乐乐获得如此"野蛮成长",靠的是什么呢?除了借助互联网构建新的商业模式外,我认为还应该强调的是持续的信念。因为对企业来讲,要紧跟趋势变化没错,适时地调整自身的模式和节奏也没错,但最难做到的也许是持久。因为就是提升效率,也不是一朝一夕的事情,而是一个不断提升,不断高效的过程。

在读完这本书的初稿时,令我印象最深刻的便是李骞提到的信念和持久。在这个知识爆棚,思想可以便捷交流的年代,根本就没有什么商业秘密可言,只要你用心和愿意,没有学不到的、理解不透的商业模式。问题是我们总是专注于模式的探讨,而不知不觉间忘掉了信念的力量,更忘掉了持久的点滴积累才能出成绩的朴素道理。

家居建材行业是一个知易行难的行业。谈起互联网、模式,大家都容易理解,也都懂得这是未来的趋势,但如何做起来、如何做好就不那么轻松了。过去几年美乐乐的发展,离不开我们企业上下坚定的信念,我们坚信靠互联网能够促进家居行业的成长和成熟,也坚信我们可以为消费者提供更实惠、更便利、更优良、更满意的产品和服务。正是有了这份持续的坚信,美乐乐现在才初具规模,获得了未来与业内"大佬们"同台竞技的机会。

最后,借用管理学大师德鲁克的一句名言:没有任何一个成功企业可以为其他企业提供完全可复制的经验。因为经营企业不像是做数学题,有步骤和方法可循,而是要认清商业本质,同时也要认清企业本身具备的精神和特质。这样来看,经营企业更像是一门艺术。正如李骞在书中所强调的,做好O2O,效率、融合、数据、用户、优化、信念和持续一个都不能少,除了对商业本质的认识,除了对如何进行O2O进行融合和优化等手段的掌握外,有坚定的信念和持久的动力尤为重要。

行百里者半于九十，对于已经踏上或者正在踏上 O2O 之路的同行们，我想说一句，我们今天所走的估计还不到一半的一半，这无疑更需要我们有持续的信念和持续的精神。

高 扬

美乐乐 CEO

序二

低调的厚重

初次与李骞相遇是在今年3月东莞名家具展的电商峰会上，次日应酷漫居董事长杨涛的邀请前往酷漫居拜访，又在那里不期而遇。从此开始了我们在家居电商专业方面的合作。7月初在广州建博会上，中国家居家装电商研究院正式成立，我们同作为研究院的发起人。

我一直感觉李骞很低调很实在，和他交往没有任何压力，这可能也是我很愿意和他合作的重要原因。他在写书我以前也有所闻，可是当他把《决胜O2O的七大支柱》书稿拿给我并要我为此书写序时，我还是大吃一惊，感觉是远远低估了他的低调和实在。

这应该是我看到的最实在且可读性很强的关于家居电商O2O方面的书。

2014年似乎是电商O2O的大年，每逢电商会议几乎必以 O2O 为主题，各行各业都沉浸在 O2O 的无名躁动中，家居行业也不例外。可是，究竟什么是 O2O？为什么 O2O 如此重要？家居企业又如何 O2O？家居电商 O2O 的空气里弥漫了虚幻的彩虹，一个又一个 O2O 的神话令人目不暇接，难辨虚伪。

所以，此时迫切需要一本实实在在的有关家居电商 O2O 方面的书。此书由低调且实在的李骞来写，可能很恰当。

早在 2012 年底，我就用"线上下不来，线下上不去"来描述家居电商发展的困境。后来 O2O 热了，才知道无意中我说到了 O2O 发展的要害。一年半过去了，这个"线上下不来，线下上不去"的 O2O 困境依旧没有基本改变，这却使得 O2O 的话题更热门。

目前家居电商发展已经到了一个历史的转折期。早期纯线上电商发展因为"下不来"而凸显其进一步发展的局限性，传统家居企业的电商发展因为无法依靠纯线上电商平台实现 O2O 而呼唤新的电商平台形式。

家居电商发展正从纯线上电商 1.0 向线上线下相互配合的 O2O 电商 2.0 发展。本书在恰当的时候出现，必将在家居电商 O2O 平台的发展中发挥重要的作用。书中翔实的案例和平叙的风格，将许多 O2O 的大道理深入浅出，令对 O2O 不甚了解的读者能够很快掌握 O2O 的本质。

本书低调实在有内涵，值得一读。

唐人

中国家居家装电商研究院首席专家

序三

骞总蜕变，由
"斗地主" 到 "斗心法"

　　我和骞总认识差不多有十年的时间了（在我的朋友圈
子中，都称呼本书作者李骞为骞总），在这个浮躁功利的时
代，能交上十年的朋友不多。最近骞总的新书《决胜 O2O
的七大支柱》即将出版，他让我给他的新书做一个推荐序，
对此，我倍感荣幸。在诸多好友中，他既然选择了我为代
表作序，必定有其理由。

　　很多序言都是谈书的内容如何如何精彩，思想如何如
何犀利，在此作为他一个有着十年交情的朋友，就避开这
些留待更多专业人士去谈，我不妨聊聊我对作者的认识。

　　在我们将近十年的交往过程中，我认识了一个不断蜕
变的骞总。

　　说来有点不太合乎常规，没记错的话，我和骞总最早
相识是在 "斗地主" 的牌局上，他那时刚到北京，因为都

是一个圈子的朋友，大家就把斗地主作为工作紧张之余的放松。俗话说"牌品见人品"，在"斗地主"的牌局上，我见证了骞总的人品，他是一个特别正的哥们儿，所以当时就特别愿意和他交往。虽然后来我知道他刚毕业没两年就成为湖北卫视一档大型财经栏目《财智时代》的执行制片人，下海后，不到30岁受邀作为广东著名企业非常小器的总经理，3年时间将其打造为行业冠军，到北京后，就成为稻盛和夫和郎咸平系列畅销书的幕后操盘手，这都是后来知道的。

对骞总开始进一步认识是在2010年的时候。当时他在东方出版社工作，策划了稻盛和夫来中国的一场活动，邀请我去听一场，到会现场大约有1000多位企业家。当时我还在自己操盘的旗帜教育中当"运动员"，这次活动让我受益匪浅。参加完活动后，我们像往常一样，准备约一个哥们斗地主。我们当时在等另一个朋友的时候，也许是受这次活动启发，我们从稻盛和夫的经营哲学开始，聊到了自己的人生和企业经营。通过这次聊天，我发现骞总对人生和企业经营有着非常独到而又深刻的见解。这让我大吃一惊，以前只是觉得牌局中的骞总很有风度，而现在呈现出来的则是另外一个形象。那位朋友后来因为堵车厉害，我们解散了牌局，也许这次是一次更深的机缘吧，我后来也转型做专业投资人和社会活动家。

再后来骞总自己出来创业了。在一次朋友的茶馆开业典礼上，骞总说以后不再玩牌了。我们都笑了，说做不到的，在以后的地主牌局中，我们试着"勾引"他，但都没成功。虽然我们在其他场合见面，但在牌局上，就再也没有见过骞总。对此，我们都感到有些吃惊。骞总幽默地告诉我们说，"心中无地主，就不再想斗地主"。在私下，骞总说，我们可以做一些更有人生和社会价值的事情。

　　显然，我们的交流层面也从简单的牌技、娱乐交流上升到了思想的高度。"为学日益、为道日损"。我们真的需要自己变得更纯粹一些，只有更纯洁，才会有更强的硬度，做企业亦是如此。

　　这也可以从骞总三年来的创业历程看出来，他专注于泛家居产业，一米宽，万米深，研究行业企业的互联网化改造，提出行业企业电商化路径，为行业企业提供大数据精准营销和社会化传播解决方案。他所创立的唯众智算为整个行业带来的价值，正好是传统家居企业电商化过程中的痛点，我也看到越来越多的知名企业找他合作。

　　我看到了净化和纯粹实实在在在骞总身上体现的价值。我知道，一个成天耽于娱乐的人是写不出这样一本有深入思考的著作的。

　　骞总在传统电视媒体、传统制造型企业、传统标准产品的电子商务及互联网营销、泛家居产业的互联网化、电商化及大数据运用的独特、跨界履历，为本书提供了独特的视角和独特的解决方案。

　　当然，我在写这篇序言时，就明确自己不是家居行业的"业内人士"，更多是以企业观察者和专业投资者的角度看。从这个角度来说，骞总的这本书有非常大的出版价值，具有引领行业未来发展的重大意义。作者将传统家居行业中涉及到的品牌企业、经销商、大卖场及现有的互联网平台企业都进行了分析。更精彩的是作者提炼出了做好 O2O 的七大支柱革，为处于该行业不同价值链的企业和商业变革指明了方向。

杨守彬

丰厚资本创始合伙人 黑马会常务副会长

O2O，
似为家居产业而生

一场刚刚开始的棋局

1935年，中央红军到达陕北时，只剩下6000多人。当时，由师长改任大队长的陈赓回忆说："我当大队长，骑着马在前面走，不敢回头看，因为一看就把整个大队看完了。"1936年，再加上红二、四方面军等，红军也就剩下了不到4万人。

而在1937年抗战爆发前夕，国民党军有多少人马？按照相关资料，当时，国民党军共拥有步兵182个师又46个独立旅，骑兵9个师又6个旅，炮兵4个旅又20个独立团，共计170余万人。

短短10余年后，形势逆转，当初只拥有4万人马的共产党，将彼时兵力50倍于自己的国民党赶到了台湾岛。

如今这样的故事也屡次在商界中上演。

互联网的风暴来了，聪明人如雷军，已经乘风飞去，只留下了一句得意的话"台风来了，猪都可以飞。"但精明的湖北人雷军，并没有透露，如何找对风向，如何轻装驭风。

如果雷军的这话放在3年前，绝大多数人一定会认为雷军只是在吹牛，因为一般人根本看不明白雷军的打法。其实，大多数人看不明白是正常现象。用周鸿祎的话来说就是，别人看不懂你就对了，等他们看懂了，就追不上了。

那么，雷军们已经抢跑了，后面的人还有机会么？互联网的这股风还会刮多久？

2011 年，如同中国人怀疑雷军能不能做手机一样，大洋彼岸的美国人甚至在怀疑互联网的未来，那时智能手机刚刚兴起，以 PC 为主的互联网发展尽显疲态，似乎已经山穷水尽。这时，著名的 MIT 数字商业实验室主任、MIT 斯隆商学院的教授布林约尔松（Erik Brynjolfsson）大声呼喊风来了，他写了一本乐观看待互联网发展的书 *The Second Half of the Chessboard*《棋盘的另一半》。

他眼中互联网的台风正在升级，书名《棋盘的另一半》来自一个古老的印度故事，一位国王应功臣的要求，赏赐给他小麦，数量规则是在国际象棋的棋盘上第一格放1粒，第二格放2粒，第三格放4粒，第四格放8粒……国王开始觉得这不过是小意思，但很快发现，穷其国库所有，也无法按此规则完成对功臣的赏赐。所以，互联网"先知"布林约尔松的意思是关于互联网，好戏才刚开始呢。

万科在学习，我们又向万科学什么

企业如同一个生命体，也有生老病死，而且它的生命周期跟人类比，要短得多。美国《财富》杂志报道，美国大约62%的企业寿命不超过5年，只有2%的企业存活达到50年，中小企业平均寿命不到7年，大企业平均寿命不足40年。2013年，中国国家工商总局公布的一组数据显示，中国近5年退出市场的"夭折"企业平均寿命为6.09年，寿命在5年以内的接近六成。

在这样的背景下，成立于1984年，以过千亿的年销售额，雄居世界房地产企业销售之王地位的万科就值得研究了。

用传统的思维来看，万科的生意是水泥，互联网的生意是鼠标，两者几乎不搭界。但万科就是万科，它的嗅觉和想象力超乎常人。

2013年6月，万科总裁郁亮首次正式公开了万科的新定位：从房地产开发商转型为城市配套服务商。之后，万科巡回拜访了一系列的互联网和传统巨头企业，为自己的互联网转型动员，借鉴成功经验和寻找突破机会。

回顾万科发展的历史，万科一直是一家不断学习、因势而变的企业，也正是如此，万科才能成为地产之王。

在万科的第一个10年里，它从经销索尼摄录像设备转向房地产业。万科提出把索尼当作学习目标，学习索尼的营销方法和售后服务。从索尼的售后服务中悟出房地产业务的玩法，这直接奠定了万科物业的运行模式基础，对万科物业软实力的打造影响至今。

第二个10年，万科开始从多元化转向专业化。它又把新鸿基地产作为学习目标，包括对专业化和客户服务的理解，万科的"万客会"就是学习新鸿基的"新地会"。随着万科跨地域开发的不断深入，尽管新鸿基地产仍然是世界一流公司，但新鸿基地产在香港的开发模式逐渐不再适用于万科。

10年前，2003年12月，时任万科董事总经理的郁亮代表管理层首次提出，万科将把美国帕尔迪作为新的标杆企业。当时的理由是，地域同样辽阔、市场同样高度分散，美国与中国内地市场特点更为贴近，而帕尔迪在跨地域经营、土地储备方式、持续盈利能力、市场占有率、客户细分及关系维护等诸多方面堪称万科的楷模。仅仅6年之后，万科在2009年就从学习帕尔迪变为超越帕尔迪，成为迄今为止全球销售金额最大的住宅房地产公司。

如今，产业互联网的台风来了，万科又开始了新一轮的学习和转型。

看看万科在游学海尔、腾讯、小米和阿里时，都学到了什么吧。

最实在的分享者是海尔的张瑞敏，张瑞敏迎接万科学习团时的主题演讲是"没有成功的企业，只有时代的企业"。张瑞敏说："我觉得对所有的企业其实都一样，为什么？实际上所有企业的成功，不管是别人认为，还是你自己认为，我认为只不过是踏上时代的节拍。"

张瑞敏谈到如今的企业应追求三个"无"的目标，"企业无边界、管理无领导、供应链无尺度。首先，互联网时代没有边界了，企业要做并联平台的生态圈，传统的科层制将变成一个利共体生态圈。其次是管理无领导，过去是马克斯·韦伯提出来的科层制，互联网时代是用户驱动企业。现在你服从你的上级是不对的，因为你没有上级，你的上级就是用户。你现在的用户是上帝，原来的科层制是所有的员工遵守纪律、执行到位，但是没有创新的空间，但是现在每个员工必须都有各种创新的空间。第三是供应链无尺度，互联网时代是个性化定制，你这个供应链再按照大规模制造设计供应链肯定是不行了，所以我们现在探索的就是按需设计、按需制造、按需配送。具体到海尔，我们把这个三'无'具体为三'化'，一个就是企业的平台化，一个就是员工的创新化，一个就是用户的个性化。"

最具未来感的分享者是马化腾，马化腾一贯低调谨慎，但在他的演讲中，还是下了两个十分肯定的论断："智能终端是人感官的延伸，移动互联网才是真正的互联网。"

半遮半掩的分享者是雷军，雷军具体展开了他的七字诀"专注、极致、口碑、快"：核心是口碑，把用户当朋友，不要把用户当上帝；怎么做口碑？靠的是专注，只做一款产品，每一款产品上下的工夫比别人大，专注还不够，还要做到极致，不给自己留退路，全力以赴。"极致就是把自己逼疯，把别人逼死"。雷军的这七字诀得与他人生经历的五点体会联系起来看，才能看出真实的小米逻辑。雷军的五点体会是：一、人欲即天理，是更现实的人生观；二、顺势而为，不要做逆天的事情；三、颠覆创新，用真正的互联网精神重新思考；四、广结善缘，中国是人情社会；五、专注，少就是多。五点体会是雷军的道，七字诀是他的术。足以窥天的道，加坚韧入地的术，才造就了今天的小米神话。

对于万科来说，最有实践意义的分享源于阿里巴巴，万科的执行副总裁毛大庆在与阿里巴巴交流后如是说，"万科下一步的商业模式将与苏宁、阿里巴巴、菜鸟网络等的商业模式如出一辙，将产业链的上下游全线打通，利用万科充沛的金融资源为其提供服务，吃定供应商和业主，以获得更高的利润。不出意外，万科在搞定银行金融通道后，下一步定会和互联网公司合作，将这种金融服务变得更加便利化、互联网化，符合现代消费趋势。"

万科学习之后的答案就是 O2O 平台，不过不光是 online to offline，而是利用其水泥的优势，活用其固定资产，逆向进取，从 offline to online，实现双向打通。

未来，你看清楚了吗

2013年4月初，中国500强企业、沪市上市公司永辉超市雄心勃勃地推出生鲜配送网站"半边天"。虽然做电商很难，但永辉超市的成功可以期待，毕竟，永辉超市是国内生活类超市中少数能够将生鲜做为主业的公司，线下的优势转为线上的优势，似乎只差一步跨越。但短短两个月之后，就有消息爆出，永辉超市的"半边天"塌了，"半边天"的页面已经定格在"正在升级中"了。这一步，实力强劲的永辉也没有跨过去。

在反思永辉的失败案例中，有三点教训值得回味：

一是用户从哪儿来？目前国内的大多数流量掌握在 BAT+ 京东的手中，依托它们的平台，还是建立自己的平台，是一个 to be or not to be 的问题。依托现有的大平台，作为实力企业，将自己的命运操于他人之手，心有不甘。建立独立平台，现有的客户囿于消费习惯，不可能很快成规模地转向线上，而发展新用户的话，流量获取成本也许会非常高，如果不能快速盈利，简直就是在烧钱。

二是核心产品是什么？生鲜是一个高损耗，高度依靠冷链，高度不标准化的产品，即便是生鲜领域的专家，也很难在配送过程中，把握这一系列的用户感受和体验。试水之后，永辉才发现，他们没有能力提供一致的客户体验，今天送鱼，明天送鱼，后天送鱼，三条鱼很有可能是三种味道。没有标准一致的产品体验，就无法获得口碑和美誉，用户数就没法成长。

最后是物流难度。永辉是生活超市，虽然自身有供应商体系的物流，但这与现在需要的配送物流是两个概念。配送方面，如果选择与外包的物流公司合作，比如顺丰，生鲜普遍毛利大约在20%，一个单价100元的产品，配送费就要花20元，基本上就吃掉了所有的利润，所以，第三方物流用不起。若是自建物流的话，增加人手，车辆等等，成本和难度就更高了。

幸福的家庭是相似的，不幸的家庭有各自的不幸。托翁的这句话，也道尽了家居建材行业转型的艰辛。东方家园倒下了，皇朝家私瘦身了，红星美凯龙低调了。

在实体企业经营艰难，电商化同样步履维艰的时候，也有以美乐乐、酷漫居、齐家网为代表的家居电商企业，他们掌握了互联网打法，正在朝快速做强做大的方向发展。

美乐乐从2008年开始做淘宝店，到现在，在不到6年的时间，销售额将近20亿，这是一个成功的家居互联网企业。当然美乐乐也在不断地转型中，最开始，它做的是纯粹的淘宝电子商务，通过品质不错、价格便宜的产品，精准定位于白领消费群体，正是这批比较懂网络的用户成为进一步销售传播的基础。良好的业绩和业务模式使他们得到了资本的青睐，他们得到了投资，美乐乐也开始了变革，从纯粹依托淘宝，到撤出淘宝，专门做自己的网上商城。

接着第二步，美乐乐开始做线下体验店。可以说，美乐乐在家居行业里

2

面是率先打通线上线下，线上和线下结合很成功的企业标杆。现在，美乐乐又在做另外一种转型，以前它是纯粹卖自己的产品，如今渐渐地在做产品与品牌的分离，自己的产品和品牌分开单独运营，美乐乐渐次转型做家居电子商务渠道品牌，实现线上与线下体验店相互结合的 O2O 模式。

酷漫居也在转型，它的转型过程比美乐乐痛苦许多。酷漫居名字很酷，但其实很传统，最开始它的线下实体店有300多家，从2010年开始向互联网转型，创始人杨涛非常坚定，看准了互联网转型的必然性，即使忍受着很大的痛苦和损失，也坚定不移。2011年，它开始在天猫上开旗舰店。后来陆续利用京东、当当这些电商平台，然后在2012年又开始做自己的网上商城，建立自己的电子商务平台。它在转型过程中其实是很纠结的，碰到了原有渠道和互联网矛盾的问题。不是每一个企业都愿意这么转型，不是每一个企业都愿意接受线上线下一体化，因为他们习惯了高额的毛利率。正如周鸿祎的一个比喻，企业的互联网转型是"欲成神功，挥剑自宫，即使自宫，未必成功"。酷漫居在转型过程中，代理商专卖店退出有200多家，最低潮的时候只剩下80多家专卖店还在做，当然关店不是目的，未来它还要开体验店，增加体验店，它的愿景是在每个地级市都有一个体验店。

成功绝非偶然，但失败也不是必然。今天，天时、地利及人和的变化，令形势变得有利于传统企业的互联网转型了。

为什么是现在

马云和王健林，雷军和董明珠，是互联网企业和传统企业的代表，他们设下了吸引眼球的赌局，为新旧势力呐喊，但这只是一场商业秀，最后的结果很可能是他们都赢了。

因为互联网经过多年的发展演化，如今的形势已经变得越来越有利于传统企业，特别是大件、贵重、需要良好体验的产业企业重新崛起和转型了。家居产业的互联网转型，需要三个关键词：天时、地利、人和。如果没形成产业转型的势能，转型就只会是小概率成功的事件。这也就是为什么 10 多年来，家居产业电商化一直推进艰难的原因。各大企业一方面羡慕嫉妒恨，另一方面又不断探索，不断碰壁以致头破血流，但由于对家居产业电商化的本质没有彻底看清，一些基础设施还不够完善，以及过去产业链所形成的特点，这些因素都导致产业企业至今也没有找到理想的解决方案。因为一场大的产业变革，三要素缺一不可，从古至今都没变过。

现在，时机来了。

所谓时代的改变，实际上是从人的改变开始的，是人口组成的变化，推动了时代的改变。互联网是 90 年代中后期逐渐在中国发展起来的，如今这一代泡在互联网中长大的人，渐渐地登上了历史舞台，影响力越来越大，购买力越来越强。

2012 年 7 月发布的《第 30 次中国互联网络发展状况统计报告》显示：截至 2012 年 6 月底，中国网民数量达到 5.38 亿，手机网民规模达到 3.88 亿，手机首次超越台式电脑成为第一大上网终端。在网民总数中，10～29 岁青年占55.7%，而在手机网民中，青年的比例甚至更高。

那个叫马佳佳的常出惊人之论，有意无意把自己塑造成 90 后的代表。万科也曾邀请她来座谈以了解新一代的想法。马佳佳果然抛出了令万科震惊之语，90后根本就不买房！姑且不究马佳佳言论的对错与否，可以看出的是，90后和以前时代的人们有了显著的不同。他们的最显著特点就是感性人 + 网络化生存。

在中外的传统文化中，长期以来，理性被讴歌赞美，感性被贬抑鄙视。西哲柏拉图就认为，人生是由两匹马拉着的，一匹是劣马，即感性，另一匹是驯良的好马，也就是理性。互联网来袭之后，感性逐渐将理性挤下了王者地位。感性有理，感性痛快。感性决策，感性购买，成了年轻人的主流。

在他们的购买逻辑中，喜欢比实用重要，价值比价格重要。他们也会为性价比纠结，但在纠结之余，往往以一句"我喜欢"，就果断做出决定。所谓价值比价格重要，是指他们有自己的价值定价体系，而不是依所谓社会的主流价值定价体系来行事，在他们看来，这是一群落后者的专政。他们在购买的时候，会在意价格，但更在意的是某一商品或服务在自己的价值座标体系中的定价。

信息科技与基础设施的不断发展又让人和人，人与物，物与物之间都连接起来了。而电商的一些基础设施，比如说物流，已经基本达到了可用的地步了。数据显示，2011年3月份以来，快递业务量增速连续33个月保持在50%以上；2013年以来，各月累计增速均保持在60% 以上。尽管大件运输和最后一公里还有待进一步发展，但总体而言已经开始变得更方便、稳定、快捷。

将各种信息链接起来的，就是大数据。正因为人们已经聚集于互联网云端，且留下了大量的信息印迹，在数据分析科学的支持下，商家就可以主动而聪明地猜想谁是目标客户，目标客户喜欢什么。传统的等待买家上门光顾，或是无明确目的地大打广告、广撒大网获得用户的方式就发生了革命性转变。

在大数据的支持下，卖与买可以自然、准确、聪明地结合。

今天，天时、地利、人和都正在发生剧变，春江水暖鸭先知，率先感受到这一变化，主动转型调整自己的业务模式，企业才能在增长性的市场中取得领先的地位，在规模固定的市场中取得强者的地位。

O2O 似为家居产业而生

在 O2O 这一词最初出现的时候，其标准解释是，O2O 模式，又称离线商务模式，是指线上营销线上购买带动线下经营和线下消费。但在智能手机普及之后，O2O 的内涵丰富得多，线下与线上变成了双向的互动关系。

O2O 之所以立体起来了，从一个概念变成一股潮流，全在于中间这个 2 的活跃，核心在于这个数据。因为用户不再是看不见、摸不着的，而是一种真实的存在，他们的喜怒哀乐，企业都能够感受得到。在 O2O 时代，一个企业只要有核心用户群，那么其商业模式，不管是从线下到线上，或是从线上到线下，甚至是从中间到线上和线下，都是可以多方向打通的。

曾几何时，电子商务就是要"革卖场的命、革渠道的命"，比尔·盖茨也曾说："21 世纪要么电子商务，要么无商可务。"阿里巴巴创始人马云也曾说过："现在你不做电子商务，5 年之后你必定会后悔。"

电子商务就在各路大侠的恐吓式营销中狂飙突进，野蛮生长，其中又以马云与王健林，雷军与董明珠的赌约将电子商务与传统企业的交锋推向了高潮。马云与王健林的央视对赌，开启了企业家年度打赌的先河；雷军与董明珠的对赌无疑是"马王对赌"的升级版，从 1 个亿到 10 个亿。一方面吸引了全国人民的眼球,体现了央视的娱乐精神;另一方面通过"片面的深刻"强化了互联网思维与传统思维,电商与实体企业的交锋与对抗。

在泛家居产业里,不管台上如何纷争热闹,也丝毫掩盖不了泛家居产业电商化推进难、推进慢的困境。这个行业不是电商企业想象中那么乐观,革家居产业企业的命不是那么容易,而 O2O 模式的出现和实验,让电商企业开始重新审视自己。此时,不管是全品类的电商平台,还是行业垂直电商,他们突然都开始重新审视线下,并且对开设线下体验店产生了浓厚的兴趣。线上电商企业对线下体验空前重视的举动,也让线下企业看到了线上家居电商企业也有自己的短板,而线下企业并非一无是处,自己并不仅仅是落后的代名词,而是也有自己独特优势的。

在马云与王健林打赌之前的 2012 年,天猫在北京悄然开设爱蜂巢家居体验馆。家居行业偏重建材的垂直电商齐家网,也在不断开设于线下网络体验店和 10000 平米左右的大店,布局产业 O2O 格局,在不为人熟知,没有引起太多注意的情况下已经悄然做大,成为行业的巨型企业。家居电商美乐乐,在数年时间内,不断自我颠覆和革命,从一个淘品牌的家居电商企业,正在向家居 O2O 模式的渠道商升级转型,他们也在很短时间内,开设了近 300 家地面体验店,并且利用 O2O 模式取得了快速成长。

马云与王建林,雷军与董明珠的赌约,表面上是一场秀,背后更多的是一盘下不完的棋。线上电商企业和线下传统企业,未来不仅仅是较量,更多的将会是融合,家居产业更是如此,这是未来的趋势,看清时代大趋势,构建企业新优势。对于家居产业,线下企业固然要电商化,互联网化,线上企业也要补足线下体验服务短板。如果不懂这个趋势,就不会形成新优势,形不成新优势，不管你现在地位如何，未来你将什么都不是。

至此，O2O 不再是一道选择题，而是必选题。O2O 不再是 To do or not to do（做或不做）的问题，而是 To be or not to be（生存或死亡）的问题了。

此刻，张瑞敏的那句话就更显示出深刻的内涵，"没有成功的企业，只有时代的企业。"

在线上电子商务时代，泛家居产业步履蹒跚，而 O2O，似乎为家居产业而生，我分明感受到了产业的躁动与兴奋。

第一章

泛家居企业迎来
O2O 模式的春天

万米长跑，亦有终点

乔布斯曾经毫不留情地地嘲讽盖茨，"比尔基本没有想象力，他从未发明过任何东西，这也是我认为他更适合做慈善而非科技的原因……微软的唯一问题是他们没有品味。我的意思是毫无品味可言。我并不是在说某些小地方没品味，我的意思是每个地方都没有品味。他们没有在思考原创的想法，他们也没对产品带入什么文化。"

乔布斯的犀利言论在很大程度上是标新立异的需要。比尔·盖茨也曾经年轻、冲劲十足过。1999年3月10日，海尔、联想等国内PC、家电业的巨头云集深圳，等待比尔·盖茨的莅临——这次活动的主题是"比尔·盖茨将维纳斯带给中国人。"微软霸气十足地在中国推出维纳斯计划，试图通过电视布局家庭智能终端，成为家庭智能终端的王者。

也就是说，盖茨在15年前想做的事情，在今天才终于成为手机、PC和家电企业的主战场，乐视、小米纷纷推出自己的盒子，苹果的粉丝也在翘首期待 Apple TV。但维纳斯计划还是失败了，站在 15 年后的今天回望过去，其失败的原因很容易理解：那时候慢得像蜗牛一样的网速，那么弱的芯片，那么原始的操作系统。

一种商业模式的成熟，需要硬件、软件、消费者行为习惯等诸多因素的支持。智能家居如此，O2O 也是如此。O2O 的概念在十几年前美国人就提出来了，当时沃尔玛希望将线上的顾客吸引到线下，但直到 2013 年，中国才迎来了 O2O 元年。

O2O 是电子商务升级版和新时代，电子商务在中国也有十几年的历史，最初主要是针对图书以及服装这些相对来说标准化程度很高的企业。对于家居建材这个体量巨大，但单品价格比较贵、需要安装、做售后服务的非标行业来说，它的电子商务进程是很缓慢的。

随着整个社会互联网软硬件设施的完善和发展，特别是消费者对于大件商品网购习惯的形成，以及特别适合泛家居产业的 O2O 模式的兴起和实践，家居建材行业也迎来了突破的机会。因为时代的发展让这个行业过去的弊端不再成为弊端，比如产品太重，运送不方便，需要安装等，而线上线下协同的思想进一步帮助家居行业克服了许多短板，比如让体验可获得、可感知，电商平台的成熟和支付手段的成熟也让购买体验更好。

因此，对于泛家居行业来说，不是需不需要电商化、互联网化的问题，而是如何去做，迅速做起来的问题。在电商化以及整个产业互联网化的赛跑中，一定不要落后行业领先者太远，就像长跑比赛一样，跟跑是一种战术，但落下很远就不是跟跑了，离太远就会被挤出竞争行列。即使是万米长跑，也有最后的终点，终有某一天，格局初定，然后就再也没有机会了。

第一节 泛家居企业的电商困局

理想是丰满的，现实是骨感的。

中国颠覆式创新的大成者之一，周鸿祎用一句话很形象地概括了互联网转型之必要与困难，"欲成神功，挥剑自宫；即使自宫，未必成功。"这句话分两层意思：互联网转型必须要对自己狠一点，但还得找到正确的道路，否则对自己狠就是自取灭亡。

未来很美好，为什么现实却很艰难？在我看来，阻碍家居行业电商化的主要原因有以下几个方面：

渠道体系转型难

除了部分企业直营的专卖店之外，大部分家居企业目前的渠道格局主要有几个层面：一是品牌厂商，品牌厂商是产品的来源，是渠道价值链的发起点；二是各个省份或大区的代理商；三是各个地方代理商下面的经销商，最后进入各地的卖场。有的地方没有四个环节，是从厂商到经销商到卖场这三个环节。这几个环节中每一个环节的力量何在？家居行业虽然总体体量较大，但是处于分散的状态，企业数量众多，体量大多相对较小，还没有走向集中化。

在行业发展的过程中，形成了以红星美凯龙、居然之家等为代表的强势大卖场，虽然他们现在在电商化大潮中也步履维艰。它们的存在一方面方便了当地消费者购买家居产品，另一方面，它们作为线下消费者的入口，也基本垄断了线下消费者的流量，形成了比较强势的话语权，大卖场的存在也给很多企业起到品牌背书的作用。在渠道体系中，还有部分代理商，在各自的区域市场精耕多年，占据企业重要的销售份额，也对企业形成了强势的话语权。

电商化的本质是什么？是效率。要提高效率就得减少中间环节，缩短信息和实物的传播链条，减少渠道的成本。电商化对厂家的影响在于增加了两种对手，一种是电商品牌对传统品牌的市场冲击，是一种跨界打劫行为，他们深谙电商运行法则，唯一不足的是对行业的熟悉程度，但经过数年的发展，已近产生了为数不少的电商品牌，知名的如美乐乐，林氏木业等。

只短短数年时间，美乐乐已经是一个年销售额达20亿规模的企业，在家居行业，这是一个可以排名前十的销量了，而这一群创始者，他们居然是软件出身，他们在未来的力量将会更加强大；另一类对手，将会是行业的领先者，率先互联网化，利用先发优势，获得致胜筹码，家电行业的海尔已经走在了前面。电商化对于厂商来说，是过剩经济时代的效率竞争。近几年及可见的未来，家居企业生意不好做不是电商冲击问题，而是市场不景气和产能过剩带来的竞争激烈的问题。在这场抢地盘的竞争中，谁的效率高，谁将会获得制胜良机。

所以，短期来看，电商化影响最大的是卖场。以其他行业的电商发展来看，其逻辑是厂商把产品放在电商平台上卖，消费者在电商平台上购买产品，通过物流配送，产品送达消费者，通过第三方服务解决了线下这个"O"的问题。这样，中间商的存在实际上就是多余的，卖场必然会萎缩，这种销售额下降正发生在百货商店和传统卖场身上。

假设在一段时间内，销售总量是一定的，如果电商占据了市场份额的40%，那就意味着线下渠道的销售就流失了40%。对于厂商来说，在哪儿卖都是卖，对于卖场和经销商来说，意义就不一样了，因为利益被线上拿走了，自己的价值就没有或者弱化了。线上侵犯了线下渠道体系的核心利益，没得做了，这就是线下渠道对电商化极力反对的根本原因，也是2013年天猫双十一家居 O2O 项目遭到红星美凯龙、居然之家等19家大卖场的联手抵制的根本原因，当时最后的结果是天猫放弃了这一项目，也从另一个侧面说明卖场的力量还是很强大的。

卖场想转型是非常不容易，像居然之家和红星美凯龙都是体量数百亿级的企业，电商尝试多年，也未见起色。

对于厂商来说，电商化是一个艰难而又必然的选择。如果按砍掉中间环节的思路，自己电商化，势必会引起经销商和卖场的反弹。在新的销售通路没有建立起来之前，如果失去了旧有渠道的支持，业绩大幅下滑是不可避免的，甚至影响的是企业的生死存亡，这是不可承受之重，所以企业不得不慎之又慎。

在旧有的体系里，经销体系是非常重要的，它承上，为厂家存货、压库存、压货款；它启下，交租金给卖场，陈列货品，为厂商在卖场做推广活动。如果企业做电商，不考虑他们的利益，经销商的激烈反对是可以想象的。

对于卖场，电商化后的形势更严峻，人流都到网上去了，它们的场地就成空城了，或者成了线上的免费体验中心。维护线下这些庞大的物业成本极高昂，如果没有足够交易的支持，它们简直就是在烧钱。如今天猫家居馆、京东家居馆坐拥平台带来的巨大流量，已经将传统卖场逼到角落了。传统卖场面临的课题不仅是如何防范电商平台的侵蚀，更是如何利用电商化所带来效率的提升，提高自身的竞争力，从而维持自己的势力范围和利益。

在电商平台的冲击下，家居建材行业一定要形成新的利益格局才可能实现 O2O 的进化，完成电商化。对于卖场、经销商和厂商而言，利用这个旧有格局崩塌，新的格局尚在演化的机会，锐意进取，完成电商化的转换，恰逢其时。

最重要的一点，在过去，厂家在生产产品的时候，考虑得更多的是如何通过渠道，把产品销售出去；而现在，需要考虑的重点是如何真正地把消费者置于中心地位，在每一个环节，消费者支出了相应的成本后，是否享受到了更好的服务。角度不同，思路不同，做法就不同。

线上线下价格统一难

互联网带来了效率，也带来了透明。每一个会使用网络的人，只要稍加研究，就能获得比较充分的信息。能够轻松地货比三家，轻松地看到某个产品的优势和劣势。

在传统渠道模式下，厂商可能以三折给总代理，总代理以六折给经销商，经销商再翻个倍拿到卖场去卖。最后，一个出厂价3000元的商品，最后到购买者的手中就成了12000元。这样的价格体系链条很长，每一个环节毛利看起来很高，但实际上成本也不菲，所得的利润也未必有多高。但对于消费者来说，这个账其实不太合算，因为他支付的成本中，有相当大的部分是渠道成本，在电商全面兴起的情况下，这部分成本给用户带来的价值实际十分有限。

于是，在天猫、京东等平台进行促销或团购活动时，所售商品的价格往往是市场价的四折左右，消费者真实地享受到了跳楼价，厂家也赚到了钱。

如此，在消费者看来，他们对厂商的认知形成了形象的背离。线上与线下价格的巨大差异，让消费者感觉过去你是在忽悠我，原来你的产品价格中间的水分这么大，从而破坏了原来对品牌的良好印象。

厂家从线上获得了大量的订单其实也是亦喜亦忧，忧的是售后服务如何保证，因为在传统的渠道模式下，服务是由代理商或经销商来负责的，如今订单不从他们那儿走了，没有分得利益，他们当然不乐意提供相关的售后服务。厂商想要立刻找到新的服务商，难度很大。

因此，对于厂商来说，新业务和旧业务就左右互搏，成了两张皮。弄不好，会给自己的品牌抹黑，最终会失去消费者。

在未来 O2O 的模式下，线上和线下产品的价格必须要一致，给消费者以统一的认知。我曾经到某厂家的体验店买过东西，店员告诉我们线下和线下的价格是一样的，这个价格是过去价格的 50% 左右，但这个价格是裸价，不包含配送和安装服务的。未来，服务的独立存在和计价也许是必然之路，服务的成本不再包含在统一的价格之内。

对于现在的品牌企业而言，发展电商的难点之一就是如何实现线上和线下价格的统一，价格冲突的背后其实是渠道和利益的冲突，而价格的统一也意味着利益的一致和协调。家具建材行业的电商化，最后线上线下的价格是一样的，在互联网的洗礼之下，这里不同的利益部分必定会被打碎和重新整合。

产品非标准化

除了极少部分的标准化产品，大部分产品卖给消费者的时候还是一个半成品，比如，需要上门去量安装尺寸，需要上门去安装。非标产品的存在，导致本行业难以出现纯粹的电商平台，但 O2O 模式的出现让这个行业看到了电商化的希望。比如，在一个区域内，可能会出现专业的售后服务公司，专业的安装公司，专业的物流公司等等。这些公司，未来可能是代理商在当地整合而成，也有可能是纯粹的第三方公司。

组织变革难

为什么这个行业对于电商向往多年，但进展不大？一方面有前述的种种困难，但还有一个重要的问题是这个行业的人才太少了。既理解电商又理解家居的人才非常少，所以他们的电商化过程非常艰难。在变革的时代，如果最高决策层都看不清形势，没有思路的话，那么企业的变革就非常艰难了。亦步亦趋地跟着别人的节奏，有样学样，肯定是做不成的。因为其他成功者做法是基于他们的企业组织结构和文化，如果没有适合的组织结构和文化，只学表面，必定是要失败的。在线上开个店，不是电商化。只有由内到外进行系统化的变革，才能完成互联网转型。

流量获取难

按照华尔街的估值方法，一个活跃用户的价格是 100 美元。所以，电商转型，如果所有的流量都要靠买来获得的话，支出的成本是巨大的。而且家居建材行业也有它的特殊性，在一次购买之外，下一次购买很可能是在几年之后。

从目前来看，美乐乐已经基本解决了这个问题。之所以说 O2O 是电子商务的进化和升级，是因为这两个 O 是双向交互的，从线上可以到线下，也可以从线下到线上。单向度地靠线上购买流量，形成线上订单或向线下导流，不叫 O2O。

卖场本身也是流量的入口，而且这里的购买转化率应该高得多。并不是所有的企业都适合去独立开一个网上平台，或者开体验店，做网上平台和做体验店的成本都是非常高的。在家居建材行业里，电商转型比较成功的几家公司都是获得了资本的支持才有足够的底气变革。行业领先者美乐乐和酷漫居即是如此。

对于家居产业的电商模式而言，未来的形态将会有很多种，每一个企业的电商模式都不一样。在整个价值链上，厂家既可以依托巨头的公共平台生存，也会有品牌企业自己来做电商；而卖场，则必须打通线上线下；代理商则要实时转型做好产业互联网时代的服务商。无论如何，做好产品，做好用户体验优化，洞察消费者的需求，就可以获得各个环节很好的发展。

第二节　天时：电商变革正当时

李彦宏曾经指出，从整个中国的产业格局来看，传统的电子商务企业已经形成了寡头统治。阿里巴巴、京东等几家企业主宰市场，未来形成类似的电商平台机会是很小的。因为他们已经是平台企业了，已经成为了电子商务的基础设施，其他的企业做电商是在它们的基础上做，成为这个大的生态系统的一个群落。所以说，如果有新的企业想做电商综合性的大平台基本没有机会。反倒是传统产业互联网化、电商化还存在着巨大机会。

所以李彦宏说，如果用互联网思维来看传统产业的话，到处都是台风口。依照李彦宏的判断，用互联网思维来看家居建材产业，我们可以看到真的到处是台风口。

对于家居产业来说，互联网台风的到来，有这样几个明显的特征：

广泛性

主流消费人群已经互联网化了，2013年中国整个网民的数量达到了5.61亿。在这样的一个大背景下，各行各业都转向了互联网，甚至包括过去认为很难互联网化的金融和房地产行业。以余额宝和P2P为话题中心的争论，引来了国家主管部门、互联网公司、金融行业以及网民的大量关注。传统行业大范围地受到互联网的影响，都在快速地发生着变化。在智能手机普及后，人们花在屏幕上的时间空前地长。每个人每天只有24小时，多用于此，在彼处便会少，商业自然会跟着人的时间走。家居行业经过多年的沉淀，已经赶上了产业互联网化的末班车。

深刻性

在互联网刚兴起的时候，人们认为互联网是一种提供了便捷性的信息交流工具，比如用QQ来聊天，用邮箱来发邮件，玩网页游戏等等。但如今，互联网不再是一种被思维控制的工具，而是成为了思维本身。互联网的思维方式与传统的思维方式发生了很大的变化。在分析问题和解决问题的时候，有传统思维方式的解决方案和互联网思维的解决方案之分。

如果用一个案例来证实这两者的差异，我愿意用小米前和小米后来界定前后两种做企业方式之不同。当时小米用了一种常人看不懂，看懂之后当时也学不会的方式，在短短几年内做成了销售额达几百亿的企业。直到今天，大家才幡然醒悟，原来这就是互联网思维，纷纷去学小米的互联网思维。

颠覆式优化

在互联网的世界里，商业竞争的规则忽然发生了改变，置于你死地的竞争对手很可能跟你不是同一个行业，你莫名其妙地就被覆盖和击败了。比如短信，这是一个能给移动运营商每年带来数十亿收入的业务，在微信崛起之后，这个业务迅速萎缩；曾经的电脑杀毒市场巨头瑞星、卡巴斯基等，在奇虎360的免费攻势下，迅速崩溃；一个名不见经传的货币基金，在支付宝的支持下，在短时间内突然就变成了全行业第一。

在传统的管理学教科书里，提倡的企业经营管理思路是自我改进和优化，比如精益生产、六西格玛等等。在互联网时代，那种慢吞吞的改进显然是不成了。消费者的心态和行为变了，信息传播的途径和范围变了，市场和商业世界也发生了变化。优化，已经是一种颠覆性的革新。

回顾中国家居电商发展之路，可以清晰地看到，品牌电商的崛起恰适其时。

在上世纪90年代，当当网就成立了，切入图书这种标准化的产品。淘宝是在这个世纪初成立的，淘宝成立之后，在相当长时间内被认为是一种低端和假货横行的市场。当天猫从淘宝独立出来之后，以及京东的成立和发展，电商的形势又为之一变，品牌的优势和重要性呈现出来了。而随着电商的进一步发展，O2O 模式出现，家居类等大件商品的电商化又开始加速发展。

在淘宝繁荣的年代，也有人明白品牌的重要性，做淘品牌。淘品牌主要是一些拥抱互联网的年轻人所做的，他们并没有核心的产品制造和研发能力，而是挑选不触网的厂家产品，把他们的产品拿到网上去卖。

2008年，在家居行业，出现了林氏木业和美乐乐这样比较成功的淘品牌。在淘宝这样一个市场红海，赚钱的是小概率事件。做得极为优秀者，才有活得滋润的可能，如果要做大做好，淘品牌必须洗脱淘品牌的标签进化，否则便会陷入万劫不复的境地。淘品牌在当初的成长，也得益于当时的家居企业还没有充分认识到电商的价值，都还停留在家居电商难做的认识层面上，这给与了淘品牌成长的机会。因为这一块市场还没有被传统的厂商所注意到。不过时间长了之后，随着品牌厂商的重视，以及消费者对淘宝低质劣货的厌恶，很多风光一时，没有及时转型的淘品牌就渐渐地衰落了。

品牌厂商在信用方面的长期投入和重视，以及在产品质量方面的把控和稳定性，是淘品牌所无法比拟的。当品牌厂商们触网，进入天猫、京东开店后，淘品牌们就无力招架了。市场的结果证明了"品牌＋电商"的强大力量。从价格方面，品牌厂商们虽然比淘品牌高一些，但不再像地面店那样，高到对于"屌丝"群体来说无可企及。另外，"屌丝"群体也会成长，购买力也在稳步提升。

对于品牌家居企业来说，O2O 电商时代的到来，也让过去的一项劣势，变成了今天的优势，许多品牌家居企业都有众多线下店，可以成为 O2O 商业模式的线下体验中心。对于价格不菲的家居建材产品，消费者们还是希望实际察看，这时线下店就发挥了加速成交的作用，在线下店感觉不错的话，就可以立刻完成购买了。线下品牌企业现在的核心，就是要利用好线下体验优势，做足线上展示和运营的文章，进行顾客大数据的挖掘，就会盘活线上线下的流量，并最终转化成订单。

因此，品牌家居企业的电商时代已经到来，打通了家具品牌电商的任督二脉，并且前景会越来越好。

第三节　地利：基础设施走向完善

互联网和现代商业发展到今天，令 O2O 电商模式的基础设施逐渐完善，相关的公司构筑了一些基础性的平台，为如今的电商发展提供了"空气"和"水"的支持。

网络的基础设施开始成熟

现在普通家庭接入的网速，以及手机的网速已经基本可以满足网上生活的需要。还有云端的存储能力和计算能力，它们都成为了基础设施，支持着互联网上各产业的发展。包括家居产业在内，各行业都可以利用这些新鲜的资源，用于自己的市场拓展和新商业模式开启。

物流体系的加速健全

在十几年前，全国的物流体系是非常落后的，物流公司从业人员的素养也比较低，他们大多只能从事一些简单的配送服务。

在电子商务的推动下，顺丰、四通一达等几大物流公司得到了迅速的发展，他们的网络在扩张，覆盖的面积在扩大，服务意识在加强，配送效率在提高。

这些物流公司比较擅长小件的配送，涉及到家居建材行业，因为大件较多，所以需要专门配送卫浴洁具和家具的物流公司。于是，就出现了像海尔的日日顺这样的物流平台，依托于原来为海尔的产品提供物流支持的体系，它的网点已经覆盖到了全国数万家乡镇。正是日日顺这样物流公司的出现，为家居产业电商化物流提供了可能性的解决方案。

在国内还有一些与海尔性质相近的家电企业，比如说格兰仕，格力等，它们也有志于在这个方面有所作为，格兰仕已经开始运用庞大的经销商网点和原来的物流系统配套自己的电商平台，提供服务。美的也是一个体量巨大的家电企业，也具备有配送大件物流的能力和体系……

未来，在电商的每一个环节里，可能都会出现专业化的服务公司，它们或者是脱胎于现有的大型企业，也有可能是在行业内整合升级成为专业的服务公司。这些服务公司的发展和存在会为整个产业的电商化提供极大的便利。

售后服务意识的崛起

在网络媒体还没有兴起的时候，信息的流动是不透明的，企业的产品通过数个中间环节，最后到达消费者的手中，消费者对于产品和价格理解，不是很清楚，或者说是处于弱势的地位。但互联网等信息平台的兴起，改变了信息的不对称，赋予了消费者权力。这对于厂商来说，也是一种冲击，过去由于层层渠道的阻隔，几乎不能与消费者直接对话，而今，消费者在微博和微信上可以直接与厂商对话。所以，家居建材行业在受到了消费者权力崛起的冲击之后，也开始不断调整自己的姿态，以适应新的时代发展，其中一点就是服务，特别是在最后一公里服务意识的崛起。

在未来的产业格局里，可能产生以区域为中心的服务商，很多的区域性服务商最后通过各种各样的竞争手段，经过自然生长或投资收购，成长为大型的服务商。归根结底，这种服务商的崛起还是起源于服务意识的崛起，于是，他们就能够给消费者带来良好的大件商品配送、安装的服务体验，在这个时候，整个家居产业的服务格局将会最终形成。这些服务格局完全形成之后，整个家居产业的电商化可能就基本接近完成。

第四节　人和：消费者熟了

在习惯上人们常常说 80 后，但其实到现在，80 后的年长者已经 34 岁了，而 80 后的尾巴是 25 岁。25~34 岁正是消费者的黄金年龄段。在这个时间段里，人生的几件大事都要完成，包括置业、成家、生子等。

消费能力旺盛

80后可能是商家能够迎来的最具消费能力的消费者。首先,因为计划生育政策的原因,80后多为独生子女,他们的身后有父母的支持,而如果两个独生子女结婚成家,更是得到了两个家庭在财力上的支持。可以说,他们是商家所碰到的最有消费能力的一代。

80后的消费动机十分强烈

置业、成家、生子这几件事情,大多数人都是在这个年龄段完成的。对于家居建材行业来说,每一项都包含了多笔生意。

80后是随着网络成长的一代。在90年代中后期,互联网在中国就轰轰烈烈地展开了,彼时正是80后成长的关键时期,网络对于他们来说,已经是生活中不可缺少的一部分。所以,80后选购家居建材,必须要泡论坛,先在网上的"装修大学"进修,边学习,边购买。他们在各大论坛之间跳转,一方面是学习装修设计,找到心仪的商品,另一方面是避免各种坑,防止上当受骗。许多厂家或装修承包商在网上诚心诚意地提供咨询和解惑,为他们赢得了客户。

80后的自我意识更强

在购买时,80后往往表现出强烈的个性,大多数情况下,会因为简单的喜欢而购买,在价格差别不大的情况下,不太会纠结于价格的高低。许多80后对于家居建材,是选了又选,挑了又挑,挑一个花色和样式都是自己喜欢的东西，而不是一个可以用的东西。他们希望按照自己的思路，设计出一个与众不同的、耀眼的效果，完全实现内心的需求，而不是给什么就接受什么。

80 后们都使用智能手机，于是他们就不再有在线和离线的区别，只要一有空余时间，他们就会在线上，进行新闻阅读、社交互动和浏览购物。每天花在手机浏览的时间大多在 1~2 个小时。在购物的念头形成之后，他们的第一反应往往不是到哪个商场或哪家专卖店去看看，而是先在网上逛逛，看看各大网店的商品，认真阅读商品下面的评论，于是对于商品的优劣有了自己的看法，对于如何选择有了初步的倾向性。

在这时候，他们才可能想看看哪里有实体店或体验店，去实地考察和感受一下。如果在实体店和体验店与他们所得到的感受与网上的一样，甚至体验店给出了超出他们期待的感受，他们会毫不犹豫地立刻下单购买。

80 后消费品牌化的趋势

淘宝的衰落和天猫的崛起，也体现了 80 后消费者选择趋势的改变，价格固然重要，但品质更重要。他们不会为了价格的便宜而牺牲对品质的坚持。一些品牌家具商，大多数产品看起来很贵，但它总能提供几款价格适中的产品，对于既讲究功能又讲究性格的 80 后来说，这样的产品就很受欢迎。80 后消费者已经开始看重品牌，总是希望从品牌商品里挑选出性价比最突出的商品。因为他们知道品牌的价值，明白品牌即意味着品质。

很多产品和商业模式的崛起，多与相应消费者的成熟相关，家居 O2O 模式的兴起也是这样。

第二章

决胜 O2O
的七大支柱

纷繁复杂，大浪淘沙

在互联网高速发展的大时代中，"颠覆"是人们挂在嘴边的热词。诚然，这个时代在变，而且变化之快令人瞠目结舌，市场发生了变化、消费者发生了变化，电子商务、大数据、互联网等技术和模式不断催生了新兴的业态。电商曾在部分标准化程度较高的行业攻城略地，而现在，几乎所有的行业，甚至过去认为不可能互联网化的行业，都一一被互联网化。

过去，以"消费者为中心"更多是体现在销售端和售后服务上，而今天，以小米手机、尚品宅配为榜样的企业则将这一口号应用到了整个商业模式和链条上，从一开始就是为消费者而生。颠覆、创新、改造，很多企业都在求变求新，以期不落后于时代，赢得未来竞争。但在探索和实践的过程中，很多企业冥思苦想，辛勤耕耘，不断探索，但我们明显感受到，这些传统家居人更多感受到是对未来的恐惧，迷茫，不知所措。

为什么会这样呢？

借用美籍黎巴嫩诗人纪伯伦的话，"我们已走得太远，以至于忘记了我们为什么而出发。"

当我们追求片面的深刻时，我们忘记了系统；当一股脑儿追求颠覆、追求创新时，有多少企业忘记了商业的本质；当企业在变革途中迷茫时，有多少企业忘记了应该拥有的成功抓手；当企业不知所措时，有多少企业忘记了路径与方法；当企业不断遇到挫折哀伤时，又有多少企业忘记了信念才是开启成功的原点。

会当凌绝顶，一览众山小。

电子商务也好，基于电子商务和线下结合的 O2O 也罢，我们要明白，商业的本质是什么？支撑企业实现 O2O 转型的支柱有哪些？对这些问题没有一个明确的分析，就容易在未来舍本逐末，丧失对未来的把握，以至于折戟沉沙，被时代淘汰出局。

第一节　效率致胜是商业的本质

电商讨论和实践大热多年。最近一两年，家居电商的讨论和实践才如火如荼。但我发现，我们的讨论和企业实践大多局限于电商的形式上，忘却电商只是商业的一种形态，而商业竞争的本质归根结底是效率的竞争。这一点，古今中外的商业竞争，概莫能外。

注重于电商的形式，似乎开一个网店就是电商，做一次网络营销就是互联网化。现代企业做电商往往做成了赶时髦，于是就会出现做电商的困局和死结。在电商大热时赶时髦做电商，由于没有思考清楚匆匆上马，很快就发现路径不对，于是再试再调整，还是发现做不下去，最后干脆放弃电商，一朝被蛇咬十年怕井绳，不敢继续投入进行公司的互联网化、电商化，最后变得僵化，效率变低而被淘汰出局。

如果理解了电商的本质仍然是效率竞争后，你就会有"会当凌绝顶，一览众山小"的感觉。站在高处看低处，做电商的路径也就会清晰起来。至于你在具体的商业形式上采用什么形态已经不太重要，不管是纯线下实体店，还是纯线上电商，亦或是线上线下结合的 O2O 形态，都会驾轻就熟，成为优胜的商业模式，关键是你的效率是否领先。

清楚这一商业本质后，剩下的工作就是如何在产业链的每一个环节，思考如何提高效率的问题。

我将以几个行业的不同企业为据，他们分别是代表线下效率取胜的服装连锁品牌 ZARA、家居连锁宜家，线上效率致胜的服装品牌茵曼，以及采用 O2O 模式提升效率的家居电商美乐乐，来证实商业竞争的本质到底是什么，如果抓住了商业竞争的本质，又能给我们带来一种什么样的境界和未来？

线下服装品牌 ZARA 逆势增长

自 2008 年金融危机以来，服装业受金融危机和电子商务的冲击非常大。很多中国服装企业都大幅裁减专卖店，但一家叫 ZARA 的西班牙服装企业，不仅没有受到影响，还逆势获得了更大的发展，在全国各大城市的重要商圈开疆拓土。为什么全球服装业大多受到金融危机和电子商务的影响，而这家企业却逆势增长？

这家企业属于世界级企业，价格却十分低廉。这会让很多人奇怪，价格低廉难道不是中国服装的专利，为什么反倒成了这家企业的标签？中国是世界工厂的名头，早已让大家适应了中国的低廉，而中国价格的低廉大家又通常认为是劳动力成本低廉，这几乎成了判断中国制造价格低廉的逻辑。

顺理成章的是，如果发达国家销往世界的产品，如果不在像中国这样的制造业大国，或者劳动力资源极为低廉的国家生产，便无法生产出价格低廉的产品，而价格低廉的产品，便与设计、时尚无关。

这是大多数人的思维，正是这样的思维，导致大多数的服装企业在 2008 年全球金融危机以及电商大潮中难以幸免。让人吃惊的是，ZARA 作为世界级服装品牌，不仅价格低廉，甚至远远低于国内品牌服装价格；但这家服装品牌的时尚元素，其款式的变化，对市场的反应灵敏程度，其时尚所引领的服装界潮流，远远超越了诸多世界及中国品牌。正是价格低廉与款式新颖这两件无往而不胜的利器，助推这家世界服装企业在全球一路攻城拔寨，无往而不胜。

ZARA 具备什么样的基因，使它摆脱常规商业思维定式，打造属于自己的核心竞争力，使她不仅可以低廉，而且可以时尚？

两个字，效率！

ZARA 价格便宜，但它约80%的产品是在劳动力成本高昂的欧洲生产，只有少部分的产品在全球其他地方生产，这让很多人大跌眼镜，这怎么可能，全球那么多企业都把制造放到了中国，为什么 ZARA 没有这么做？这说明，ZARA 的竞争力，不是价格便宜和款式时尚那么简单，价格便宜和款式时尚，是 ZARA 竞争力的表象，大多数人看到了表象就以为看到了真相，那么

ZARA竞争力的真相是什么？

我们来厘清几个基本问题。

劳动力便宜产品价格就一定低吗？

产品的市场价格受诸多因素的影响，原材料、资本利息、劳动力成本、消费者、利润率、同行定价水平，都是影响市场价格的要素，人力成本只是构成产品成本的众多要素中的一个，往往还不是最主要的。因此，价格便宜与劳动力便宜并不存在必然的关系，产品价格低≠人力成本低，这是一个简单明了的逻辑，就像整体不等于个体一样简单。我们就可以得出结论，ZARA服装价格低并不等于人力成本低，我们也就得不出ZARA一定要到中国等劳动力成本低的国家生产的必然性。

ZARA用什么方式来实现低成本？我们来看ZARA如何用提高效率的方式来实现成本的低廉。

在我们广东的服装企业，产品从设计到零售卖场，一般都要4-6个月的时间，而ZARA需要多少天呢？12天，你很难想象是这么短的时间。相信没有人不会吃惊的，这是时间的极度压缩，两者时间相比，效率已经在十倍以上，不考虑其他因素，资金周转率不同，成本显然大不一样。同样一笔资金，ZARA周转十遍以上，而国内服装企业才周转一遍，资金成本高下立现，这还是理想状况的比较，如果考虑时间差，产品上市时间太长而至产品滞销，效率差异就会更大，效率会不一样。

为什么广东需要将近半年时间，而ZARA只需要12天？ZARA就以空间换时间，用速度换时间，用集中换时间，也用分散换时间。

ZARA有20家大工厂，都是制造效率极高的现代化大工厂，大工厂做什么呢，它只做一部分环节，做他效率最高的环节，那就是染色和裁剪，这两个环节如果用个体化的方式来完成没有效率，甚至很难完成，但如果用高度机械化的大工厂来完成，那就效率非常高了。看看古代个体户男耕女织，最后的染色效率是很低的，这种操作方式肯定适合不了现代化工业。裁剪也用机械化来完成，因为裁剪的布料只要有一个标准，机器设备是可以整批做出来。ZARA 在这样两个环节里面采取了高度集中的方式，用大工厂的方式完成了两个关键环节的制造流程，时间用到最少，效率最大化。

一件衣服还有一道最重要的工序，那就是缝制。在我们大多数人的眼中，现代制造业要提高效率，肯定要用大规模的工厂，要全部用机械化。我们看惯了国内服装厂大规模裁剪的镜头，一个服装厂，动则几千几万人的规模，但 ZARA 的缝制方式还是超出我们大多数人的想象。

ZARA 用的是数百家小型的配套工厂，很多都是老年人领着一批人在干，用着脚踩的缝纫机。便宜而又时尚的 ZARA 服装的最重要工序之一就是这样一群个体化的工厂完成。

ZARA 为什么要用大工厂完成印染与裁剪，因为这两个环节适合集中，集中生产效率最高，用时最少；ZARA 为什么要用个体户似的工厂完成缝制？那是因为缝制环节用规模化，用集中的方式效率最低，用分散化的方式效率最高。尤其 ZARA 的服装款式多，但每款数量少，变化快，如果用大规模的工厂完成一大批服装，最好的销售时机又过去了，ZARA 的缝制工厂都是一厂一款去做的，反应快，效率高。

这是制造环节，用每一类型的经营主体完成效率最高的事情。那么仓储运输呢，这也是一个耗时很多的环节。我们通常能想像到的是卡车、叉

第二章　决胜 O2O 的七大支柱

车、传送带等运输工具。但 ZARA 的方式又会让你大跌眼镜，他挖了 200 公里地下隧道，用高压空气传输，把从大工厂的布料传输到小工厂，把小工厂的成衣传送回物流中心。ZARA 又做了一件大集中与大分散所带来的高效创造性活动，用速度解决大工厂和分散的小工厂的链接，空间距离大为缩短，这种用高压空气的传输速度不知是其他传输方式的多少倍！

由于 ZARA 的生产效率能够做到在两周上架，跟同行相比，无疑在效率上已经大大领先，即使不做电商，又有何妨呢？但作为战略性布局，ZARA 在大陆已于 2012 年上线官方网上商城，但起色不大。但这无碍它在线下专卖店的大获成功。这一点，对于具有大量线下店，却苦于无法做电商的家居企业应该有所启发。

电商服装品牌茵曼效率致胜

对时尚年轻女性而言，对电商服装品牌茵曼应该不会陌生。这家成立于 2008 年的服装电商品牌，是中国互联网成长最快、最具代表性的网络服饰零售品牌。从创立至今，殊荣无数：2011-2013 年连续三年位居天猫商城女装品牌 TOP5、淘品牌女装 Top3。2013 年天猫双十一，茵曼当日销量突破 1.2 亿，成为双十一全网销量第一女装品牌。预计 2014 年 "茵曼" 单品牌业绩规模将突破 15 亿人民币。

在 2013 年，这家公司更是做了一件令传统服装品牌吃惊的事情。在这一年的天猫双十一活动前，茵曼设计了数百款服装，但这些服装并没有按传统服装品牌的套路，进行新品试制，然后直接上网销售，而是仅仅制作样衣，制定了价格，然后把这数百款服装设计样式放到了网上，让消费者进行选择预订。

消费者从这数百款服装样式中，挑选了上百款服装，并预付了定金，茵曼根据消费者的选择，将这 100 款消费者选择的款式和数量交付给制造工厂生产，制造工厂根据数量迅速组织供应链提供相关原材料和配件的支持，经过不到两周的时间，工厂加工的成品已经到了库房，再过一两天的时间，消费者预订的产品便到了手中。

通过茵曼这样一个链条我们可以发现，从消费者预订开始到服装送到消费者手中，整个过程也就不到 20 天的时间，这样的效率要想不胜出都难。而且这样一个实验还让茵曼看到产品可以做到库存最小化的可能性，这便是电商的终局将会形成 C2B 的格局。

在其创始人方建华答乔峰的自述里，他曾这样描述茵曼的企业基因：

作为传统 + 互联网基因的企业，茵曼的商业模式就是要做到"五快"。

1、组织架构快。茵曼内部采用扁平化管理，采用一竿子到底的行动方式。通常一个决策到实施最短只要十几分钟，比如改一个广告图，十几分钟完成重新修改和上传。有别于传统模式层层审核审批管理流程，茵曼本身是直接从品牌商到消费者的零售品牌，这种商业模式炼造了我们应对互联网千变万化的能力，也决定了本身的反应行动速度。

2、IT 系统快。从本质上来说，互联网是数据化的互联网，我们透过数据能够快速发现公司业务层面存在的问题，同时也能够有效辅助科学决策提供数据依据，在成本与利润之间寻找最佳数值。自建 IT 团队可以快速针对我们运营层面需求做相应开发和完善，与此同时 IT 信息系统也将成为品牌的核心竞争力之一，令品牌系统运作更加高效。

3、服务响应速度快。从消费服务到售前售后，几乎要做到实时响应，顾客进店只要有疑问，她们第一时间想到的是寻找客服咨询，客服能否快速帮助消费者解决在购买前的疑问决定了专业度等多方面因素。

从设计师到老板，茵曼每个月要求看10000条以上顾客评价、顾客咨询、售后问题等进行归总分析，从中捕捉顾客尚未被满足的需求，寻找新的创造点，吸引新顾客，与之建立信任关系，从而引起消费者共鸣，并在产品和品牌细节上进行再次改善，努力做出超出顾客期望的服饰产品。

4、供应链快。16年来她一直在做一件事，就是要把服装做好，最短能够在10天内完成服装从面料下单到入仓完毕的过程，这都是长期不懈打磨出来的可靠速度，没有长时间积累是不可能实现的。一个长跑运动员，要跑得快，首先要充分调节身体各项机能，运动员本身需要长时间训练找到最佳协调状态，才能保持长时间的速度和持久的参赛能力。

5、增长速度快。增长速度和企业量级有很大关系，茵曼还是一家中小型创业阶段的企业，用十几年时间去做好一件事情，在一个不起眼的小众市场取得突破逐渐转变成大众皆知的女装品牌。

从2010年开始，连续四届双十一，茵曼均保持2倍以上的速度增长，从不为人知的品牌做到第一，只用了不到4年时间，整体增速接近200%。顾客累积超过300万，整个集团每年售出的棉麻服饰品600多万件。

家居宜家，线下体验到极致

在家居行业中，也有一个和ZARA一样知名的企业，就是大家熟知的IKEA（宜家）。目前宜家遍布40个国家，但只在10个国家开展了电子商务。

而在家居 O2O 讨论如火如荼的中国，宜家还未开展电商，但这丝毫不会减慢宜家在中国布局的速度。在电商对传统线下商家摧枯拉朽的冲击面前，如此优秀的企业为什么行动如此迟缓呢？

不妨先来看一项数据，去年，宜家在全球的增长率仅为3.1%，而在中国的年收入增长率超过17%。为什么在国内家具市场哀鸿遍野之际，宜家的业务却一骑绝尘，独领风骚，取得了令业内同行们难以望其项背的业绩。这至少可以说明，除了讨论热火朝天的互联网、电商、O2O 外，宜家有自己提升效率的办法，目前宜家只把互联网、电商、O2O 当成新的宣传平台，并不进行交易。因为宜家把线下购物体验做到了极致，这种吸引顾客去线下的效率是同行业很难赶超的，也是线上做不到的。

家居电商美乐乐线下体验促成交

作为从淘品牌走出来的最知名家居电商，美乐乐如何通过效率优势获得快速成长？

2008年，美乐乐入驻淘宝，作为淘宝成千上万家中的其中之一，能够获得盈利殊为不易。了解淘宝生态圈的人都知道，真正在淘宝上赚钱的商家实际上只占整个淘宝店铺量的10% 左右。对家居企业而言，那时候敢于试水电商的企业寥寥无几，遑论盈利。

美乐乐清楚，购买淘品牌的消费者多数是80后的白领群体，而美乐乐将自己的客户更加精准定位为中等收入的白领。这个群体对产品价格相对敏感，所以美乐乐一开始就严格控制成本，卖给消费者的价格大多只有传统卖场价格的1/4。这种价格差异让美乐乐获得了超强的竞争优势，吸引了众多的年轻网购人群。

这得益于该创业团队都是 IT 技术出身，对互联网很熟，没有对传统卖场销售的畏惧，他们用他们的技术长板弥补线下短板，获得了先期的成功。

美乐乐在淘品牌阶段靠低价和品质站稳了脚跟，吸引了消费者的关注。但是在淘宝上也面临一个问题，因为淘宝上卖的大多是价格偏低，质量一般的产品，无法为自己树立起品牌形象，这无疑限制了美乐乐未来的发展。更要命的是，很多淘宝卖家不守信用，为了用低价吸引消费者不惜偷工减料，低价竞争无底线。

"所以，要想做一个长远的生意，就必须打造属于自己的平台和品牌。"美乐乐 CEO 高扬这样认为，为了克服未来品牌发展的瓶颈，美乐乐于 2010 年开始搭建自己的 B2C 网站。

出离淘宝，建立了属于自己的 B2C 平台，虽在短期内有一定的销量损失，但可以为消费者提供更好的保障机制。如果仅仅是这样，美乐乐也不会时如此独特，也不会如此快速成长。

泛家居行业的电商，低价不是万能的。因为对家居产品而言，消费者平时不怎么关注，但在装修的时候会高度参与进来，所以非常注重体验这个环节。

但是，如果美乐乐需要线下开店的话，岂不是和传统卖场一样？不开体验店。成长瓶颈显然已经到来，形势逼迫这个没有线下店面开设基因的创始团队决定大胆开设体验店，就是这一招，让成交率大幅提升。

美乐乐开店另辟蹊径，将专卖店建在了不太昂贵的地段，并且店铺面积大多在 500 平米左右，美乐乐这样做是为了压缩场地租金和人员对产品价格的影响。对美乐乐而言，即便体验店位置偏僻，通过线上引流也可以做到让线下店面存活，因为体验店加速了顾客购买决策，或者说与单纯线上相比，线下体验店大大提高了成交率。说到底，美乐乐用线上的 O 作为基石，线下的 O 作为加速剂和催化酶，通过提高的成交率弥补了线下体验店的开设成本。

从2011年成都第一家体验店开始，截止2013年，美乐乐实体店数量达到297家，销售额达20亿。从2008年入驻淘宝的几百万销售规模，到2013年的20亿，5年的时间其销售规模增长近600倍，这不能不说是一个家居电商的商业奇迹。如果没有体验店这一个线下加速器，美乐乐不可能成长到今天，因为同为2008年起家的淘品牌林氏木业，到今天的规模已经跟美乐乐不是一个量级。

效率竞争是整体效率的竞争

可以看到，无论是服装界的 ZARA，茵曼，还是家居界的宜家，美乐乐，其实质是利用一定的手段提升自身的效率，从而超越同行业，而不是被外界眼花缭乱的新技术、混淆视听的舆论所干扰。

当下，面对互联网的冲击，很多企业似乎都乱了手脚，"不转型是等死，转型是找死"成为了很多业内人士盲目喊出的口号。其实理清思绪、冷静下来，重新出发才是企业所要思考的。事关战略，转型是一定要转的，但转型的目的是为了提高商业效率，否则转型很可能成为企业未来的"不能承受之重"。

关于效率，哈佛大学商学院教授迈克尔·波特于1985年提出价值链的概念，波特认为，"每一个企业都是在设计、生产、销售、发送和辅助其产品的过程中进行种种活动的集合体。所有这些活动可以用一个价值链来表明。"按照波特对企业价值链的定义，企业的价值创造是通过一系列活动构成的，这些活动可分为基本活动和辅助活动两类，基本活动包括内部后勤、生产作业、外部后勤、市场和销售、服务等；而辅助活动则包括采购、技术开发、人力资源管理和企业基础设施等。这些互不相同但又相互关联的生产经营活动，构成了一个创造价值的动态过程，就是价值链。

价值链在经济活动中是无处不在的，上下游关联的企业与企业之间存在行业价值链，企业内部各业务单元的联系构成了企业的价值链，企业内部各业务单元之间也存在着价值链联结。价值链上的每一项价值活动都会对企业最终能够实现多大的价值造成影响。

这样看来，一个企业的竞争力不是价值链上的某一环节的竞争力，不是片面竞争力，而是整条价值链的竞争力。价值链的背后是效率，在 ZARA 的整条价值链上，既有内部价值链的基本活动环节和辅助活动环节，又有上下游关联企业所形成的外部价值链，内外价值链的核心环节又是生产和流通。

ZARA、茵曼、宜家、美乐乐是如何提高效率的？对家居行业做电商、做 O2O 的启示是显而易见的：企业不要为了电商而电商，也不要为了 O2O 而 O2O，而要将电商和 O2O 看成是提高企业运营效率的一个手段、一个途径。假如这个手段、这个途径不能提高效率，又何必大动干戈、赶时髦做电商呢？

第二节　线上线下融合是目标

大约五、六年前左右，一些具备互联网思维的外行人开始跨界试水家居电商，从"小打小闹"到今天的获得业内高度关注，如林氏木业、美乐乐等。而近一两年，一些规模大，行业领先的企业开始不断尝试着变革，已经不仅仅是把电商当成分销渠道，而是当成公司战略在推进。

但更多的企业还停留在思考和规划的阶段。这与行业的历史属性有莫大的关系，家居建材一直是个"落后"的行业，产品价格无法实现全透明，多数销售渠道还没有扁平化。作为厂商来讲，要实现 O2O，就要对整个系统进行变革，这种变革必然会影响各方利益。但如果不变，冗长的渠道及不合理的零售价格势必越来越拖累企业的整体效率，在效率竞争中落于下风，影响其未来的生存和发展。

O2O 是整个行业实现效率变革的一个重要途径，但正如上一节所言，O2O 并不是唯一途径。当整个行业凸显效率至上时，核心问题不是选择 O2O 的问题，而是选择什么更能提高效率的问题，整个行业面临重新洗牌时，效率优化者，效率落后者只能被淘汰出局，很显然，O2O 是目前效率最高的模式之一。

目前谈论所谓的 O2O，都是行业内人士在讨论企业线上该如何做？线下该如何做？企业的线上和线下又该如何结合？其实，这种问题应该不需要太多讨论，O2O 的终极目标一定是线上、线下实现融合，这是毋庸置疑，是业内人士的共识。

如果换一个角度，抛开企业、行业的利益，从消费者的角度想问题，或许会看到 O2O 的真面目。对于消费者而言，根本就不在乎、不在意一个企业是线上还是线下的问题，也不在乎你是怎么融合的。消费者要的是购买方便、价格便宜、品质优良和售后放心，这是每一个消费者在购买家居产品时都不会马虎大意的问题。当我们思考企业的最终目的是为用户带来这些便利和好处的时候，我们自身的效率问题也就解决了。围绕消费者的需求，必须比竞争对手跑快一步，获得相对高的效率。

基于对用户的这种换位思考，要实现 O2O 线上、线下的融合，对企业内部而言，要在四个方面下功夫。我称之为"四大流"，一是工作流，二是物流，三是产品流，四是资金流，"四大流"缺一不可，不可偏废。

工作流

这不仅仅是企业内部工作的管理系统，而是外延到消费者，以消费者为中心而构架的服务型系统。针对服务系统，要打造一个从产品开始，一直到线上的平台和线下的体验店，所有涉及到每个环节的职工之间要信息互通，完全围绕消费者来做衔接，这样才可以使服务更流畅，才可以让消费者不管是在线上，还是在线下，都能感受到企业工作人员服务的一致性，内部工作人员也以消费者服务信息为中心，服务链条变得流畅起来。

虽然现在很多公司早已运用 ERP 管理系统，貌似这套系统就可以完全打通企业内部的信息流，但对于新型的 O2O 模式还差得很远。我们原来的管理系统更多的是内部管控系统，而现在涉及到线上、线下两方面的信息流，这是与过去单向渠道体系完全迥异的信息流。所以，我们需要思考的是，对于新的线上、线下流程，如何打通这种信息的阻隔，采用更能体现 O2O 的信息系统，以便统一内外部，为消费者提供线上线下的一致服务，而不是现在实际存在的两层皮服务系统。

物流

从消费者下订单开始，不管这个订单来源于线上还是线下，消费者都能很方便的获知产品的流通信息。消费者所购买的家居产品在物流上是一种什么样的状态？是什么时候出厂的？到了什么地方了？什么时候能到家里面进行安装？由那个师傅来为我提供服务？从下单到装修的整个流程，只要消费者想查询，他随时都可以查到。目前，行业外成熟的电商平台在这方面做得比较好，比如京东、当当网、一号店等。这种物流信息看似没什么大不了，但需要非常高效的品类管理能力和物流管理水平。

这种信息的敞亮也给用户一种非常透明、非常贴心的感觉，也会无形中增强消费者的依赖性。就拿家电产品来说，过去很多消费者对在京东商城购买诸如冰箱、空调、电视的大件电器不太放心，而在体验京东提供相应服务后，消费者逐渐对在线上下单形成习惯。未来，家居行业也可能形成这种消费习惯，虽然家居行业的多数产品远远没有达到电器的标准化，但当用户逐渐相信企业所能提供的品质和服务时，线下体验对部分消费者来说可能会变得没那么重要。

产品流

这里提及的产品流，是指产品的基本信息，消费者在购买家居时最关心的产品信息是价格、材质、功能及舒适感。无论是线上还是线下，企业都要让消费者知道这些信息。就消费者特别关注产品价格来说，在家居、建材行业中，消费者最直观的印象就是价格不透明。由于家居很多属于非标化产品，构成产品的要素五花八门，很难像电器行业公布"价格白皮书"，从而将产品价格逐渐透明化，比如奥克斯空调就曾经将空调"开肠破肚"，打穿空调价格体系，打起了价格战。

大部分家居企业对终端价格掌控有限，为了摊销各种成本，传统渠道不断加价，一件产品从生产厂家出来，一直到终端价格翻了四五倍是行业内常见的现象。实际上，在这种渠道链中，每一个环节赚取的毛利不少，但利润并不是很多，消费者承担了大量的渠道成本。很显然，过长的渠道链条到了必须变革的时候。相对而言，这种渠道显然是低效率的，对企业和消费者来说，都没有好处。

当产品的信息越来越透明的时候，渠道越来越合理的时候，线上和线下的价格很容易统一，这既照顾了厂商的价值，也照顾了消费者的利益，同时也能照顾到线下服务商的利益。当然，在这一产品信息化过程中，大量代理商出局是必然的。

资金流

这里提及的资金流主要指企业的支付系统。不管是企业自己的支付工具，还是第三方支付系统，关键是要给与消费者便利，这是未来成熟 O2O 运营模式所必须的。

这"四大流"最终的协调和统一，听起来有些理想化，但最终是企业努力的目标。因为在互联网时代，信息变得越来越透明，聪明的消费者很容易得到产品的各类信息，就像纸最终包不住火。如果一个企业，自己不将这"四大流"完善，将会在信息化的效率竞争中落败，也会在透明化大潮中难于取信消费者。如果达不到取信于消费者，还想着要把产品卖给消费者，那就是天方夜谭了。

当然，囿于家居行业各种相关利益的盘根错节，及电商市场的不成熟，现在要让企业彻底做到上述四流合一有些困难，所以很多企业在这个阶段采取了一些过渡性措施，且行且调整，这就是几乎每个传统企业都在实行的各种各样的"双轨制"。

现在大部分企业还是把电商当成一种分销渠道，为了增加销量，又不与传统卖场产品冲突，多采取大部分产品，或者高端产品仍走传统的卖场，按照传统的方式售卖，同时，又开发了一些新的产品与卖场的产品做区隔，在电商的平台上销售。这种不得已求其次的办法，虽说短期既照顾了现有相关方的切身利益，也保证了目前市场销售的稳定，不至于为了做电商而采取"休克疗法"，导致相关利益方纷争四起，企业突然陷入衰竭。但这种办法其本质上是不协调的，就好像患了精神分裂症一样，始终处于线上和线下左右手互博的状态。除非在电子商务这块完全独立，成立独立的电子商务品牌，跟原有的品牌彻底划清界线，也有企业尝试，但目前没有发现成功案例。

在实践中，我们会发现，要彻底划清这一界线是何其难。对于商业形态的变化，传统势力也挡不住时间的侵袭。随着时间的推移，有一天消费者中的绝大部分都将会习惯在线上支付购买家居产品的费用时，庞大的传统管理团队，庞大的渠道和店面将如何处理？根据其他行业的经验可以预见，在电子商务的侵蚀下，很多的传统业态将会成为企业未来发展的巨大障碍和负担。一如服装企业，原来成千上万的终端是他们致胜的竞争法宝，可是突然有一天，发现这成了巨大负担，不得不大幅关掉店面以求生存。

唐宋八大家之一柳宗元有篇短小精悍的文章，叫《蝜蝂（fù bǎn）》，是说一种昆虫，凡所到之处，把自己所喜欢的东西都要往自己的背上放，一直到某一天不堪重负，走不动之后，被压趴下、死掉了，这则寓言主要讽刺当时贪得无厌的社会风气。但放到目前许多企业身上也有深刻的寓意，现在实行双轨制，什么东西都舍不得，不敢放弃，在未来某一天，传统的重资产，就会成为大负担，压死企业。所以这种"双轨制"，非长久之计，因为线上和线下最终一定是要融合协调、达到统一的。

在此可以参照一下居然之家的线上平台——居然在线。目前居然之家正采取这种融合的模式来实现其电子商务。居然在线声称的最大特点在于四个"同一"，即同一经营主体、同一产品、同一价格和同一服务，实现线下家居卖场与线上商城的协同合作。

我认为，居然之家的电商方向是比较清晰的。在居然的电商节奏里面，目前只开设了北京，希望通过线下卖场的巨大优势，吸引入驻代理商共同加入其电商平台，实现在区域内的同价、同服务、同产品、同一数据。

居然之家实际上是实行区域性的卖场电商化，这种方式对大型卖场而言，在起步阶段，是一种不错的选择，并且是有可能成功的。

但这种方式并非没有风险，居然在线的隐形风险主要来源于其电子商务业务进展的速度快慢，因为电商区域化能不能在全国迅速复制开来关系到其在未来的发展空间。其次是其他电商平台的发展速度和强度，比如说天猫的家居馆，京东的家居馆，以及未来专门打造家居电商平台的美乐乐、齐家网等，还有各大品牌、企业自身打造的基于线上、线下结合的平台。当然，也不排除将来某一天，很多大的经销商整合资源，单独进行 O2O 的尝试。

家居企业 O2O 模式如果做不到融合，就永远是披着两层皮的电商模式，要实现企业电商化，就如镜中花、水中月，可以看到，但永远触摸不到。

第三节　数据是连接

长城烽火台与数据应用

我们游览长城时，通常会发现长城每隔一段都会有一些烽火台。这些烽火台的作用是什么呢？当初修长城的初衷，就是为了防御敌人，传递敌情。敌情是怎么样传递的呢？关键就在烽火台。遇有北方游牧部落入侵敌情发生，烽火台上的士兵则白天施烟，夜间点火，相邻的瞭望塔看到烽火之后也紧跟着燃烧起烽火，一个接一个地燃烧。当烽火的信息传递到北方的哨所、边防站、信息站的时候，驻扎在这里的信使就会快马加鞭，马不停蹄地去报信。

中途要经过很多驿站，这些驿站都备有很多快马，在前面一个信使和马匹累了的时候，就会替换新的信使和马匹。就像一场紧张的接力比赛，直到将敌情送到最高决策层手里，还有一组烽火台与长城所在地附近的地方政府和驻军联系。长城体系中设置有大量烽火台作为情报传递系统，系古代重要军事防御设施，最古老但行之有效的土电报。

这是我们古代伟大而又智慧的祖先们最早实行的O2O模式传递信息。如果将狼烟看做线上的那个"O"，通过燃烧柴垛释放狼烟，传递"有敌情"的信息。明朝对狼烟的燃放有明确的数据规定，烧烟一柱，鸣炮一响表示来犯之敌100人左右；烧烟二柱，鸣炮二响表示来犯之敌500人左右；烧烟三柱，鸣炮三响表示来犯之敌1000人以上。同时，我们可以将边防的哨所、信息站、通讯兵等信息传送链看做线下的那个"O"，通过狼烟获得信息，并用迅速的执行能力传递给决策层，让决策层快速决定应对之策，组织力量进行防御。

在今天，数据的核心是信息，信息的核心是价值。而反过来说，信息只有数据化才会变成可分析、可衡量、可利用的有价值信息。

《孙子兵法》与信息分析系统

在古代，囿于计算工具和数据采集的局限，人们对信息的利用更多的是分析和感知，但在利用的逻辑上与今天并无太多差异。关于信息的利用，孙子兵法已经做了最好的注解。

《孙子兵法》始计第一中说："兵者，国之大事，死生之地，存亡之道，不可不察也。"讲的是国家组织的竞争非常激烈，作为组织竞争的最重要工具，军队是国家生死存亡的关键。所以要认真对待。国家组织跟企业组织的竞争并无差异，只是国家组织的竞争更为复杂，相较于国家竞争，企业的竞争就是小儿科了。

对于国家组织竞争的关键所在，军队如何争胜？"故经之以五事，校之以计，而索其情：一曰道，二曰天，三曰地，四曰将，五曰法。"孙膑明确了争胜的五条法则，并作具体分析。

"道者，令民与上同意，可与之死，可与之生，而不危也；天者，阴阳、寒暑、时制也；地者，远近、险易、广狭、死生也；将者，智、信、仁、勇、严也；法者，曲制、官道、主用也。凡此五者，将莫不闻，知之者胜，不知之者不胜。"

孙子的五大基本法则，道解决了目标问题，征战之前，必先解决内部纷争，上下同心，孙子用同生共死来对此进行说明。企业组织变革亦是如此，今天的企业变革，是前30年没有的技术变革所带来的变革压力，也需要从董事长到一线员工取得变革的思想一致性。天地，就是军队在每一场具体战争中的宏观小环境，是比较容易具体化的要素。将者，是对领军人物的评估，虽不易具化，但孙子仍从五个维度进行说明，每一个维度下需要进一步细化来评估将军的领军水平。最后是法，是在前四大要素之后的组织呈现。在是否具备五大要素的分析后，孙子对战争胜负就做了基本的判断。

"故校之以计，而索其情，曰：主孰有道？将孰有能？天地孰得？法令孰行？兵众孰强？士卒孰练？赏罚孰明？吾以此知胜负矣。将听吾计，用之必胜，留之；将不听吾计，用之必败，去之"。孙子说，符合条件的将军，留下吧，不符合的，赶紧让其离开，因为什么呢？

"夫未战而庙算胜者，得算多也；未战而庙算不胜者，得算少也。多算胜少算，而况于无算乎！吾以此观之，胜负见矣"。

对于战争胜负的判断，孙子在这一篇中没有一个字是主观的判断，都是在客观化的前提下做出分析，这就是那个时代的数据与信息应用，是当时的大数据。只是今天由于技术进步和计算成本的大幅降低，数据源更多、更大，不规则，变化快而已。

回到今天的商业生态中，很长一段时间以来，我们一直在探讨大数据如何对 O2O 的商业模式产生积极作用，如何扮演关键的角色。

抛开纷繁复杂的各种大数据理论探讨，如果企业能够获得更多、更大的消费者信息量，并能进行有效分析，在现阶段，企业将会获得两点重要应用价值。

经营预测与决策

从企业的角度而言，没有什么比知道消费者是谁，以及他们的兴趣爱好，何时购物更好了。如果知道这些，企业就知道应该生产什么样的产品会畅销，应该请什么样的代言人会增加企业的品牌价值而不是损害企业的形象，应该生产多少产品作为库存而不是大量生产导致产品积压，就会知道采购多少原料而不用占压采购资金，如果做到这样，真是太美好了。在今天，有这样的机会吗？当然有！不能说百分之百做到，起码是可以有机会做到。

尚品宅配作为著名的定制家具企业，基本都是消费者预订产品后才开始生产。作为尚品宅配的生产厂而言，这种预订制的方式，完全就做到了数据化，生产工厂根据订单数据，改进生产效率，实现了个性化的批量定制这一矛盾的生产方式。当然，对于尚品宅配的前端，就是要直接面对用户的前端，那就需要对消费者进行数据化定量分析。

今天，大部分的消费者都在线上，不管是 PC 端，还是移动端，我们都能追踪到消费者的无意识行为，通过解读消费者的无意识行为和实际消费行为，我们就能预见消费者的未来消费潜力和倾向，从而做出未来的企业经营预测。

以预订制为例，消费者在某家具购物网站购买家具的时候，不论是去线下体验店还是去线上平台，会看到很多产品处于预定状态。预定状态下会产生两种可能，第一种，当网站某一款产品获得很多消费者关注的时候，就会产生订购的行为。假设超过100件，代工厂就可以开工生产，因为在这个量之上，其订购规模才可以有效降低生产成本，根据生产边际效应，订单量越大，生产成本越低，价格也越便宜；

第二种可能是，预定制偶尔也会碰到这样一种情况，消费者可能对某款产品很感兴趣，但这款产品对大多数消费者而言是没有吸引力的，这时候网站有可能会告诉消费者，"对不起，这款产品的预定量没有达到起做量，暂时还不能生产，很抱歉。"作为个体消费者来讲，遭遇这种购物体验可能是不爽的，因为看中了某一款产品，企业却无法生产，无形中会降低企业对消费者的吸引力。但对于电商网站而言，可以采取一些其他补救措施来弥补消费者的怨气，或者在预定前就有说明，消费者是有这种心理准备的，企业也因此大大降低了风险。

其实，企业在请明星代言的时候也可以运用数据。很多企业在发展到一定阶段、一定规模的时候，总希望能够请明星代言人来提高影响力和制造新闻，增加企业的知名度，提升企业的美誉度。大多数企业在选择明星代言人的时候，是通过小范围的调研和咨询，甚至说老板和高管小范围商议决定，由于喜欢某个明星，认为这个明星可能跟企业的产品很吻合，就选择了。但事实上未必如此，也许企业在"撞大运"的时候，可能选的明星正好符合其产品属性，这个时候企业可能选对了。但很多时候企业所聘请的明星代言人和产品属性并不匹配，因为企业通过小范围的样本或者老板拍脑袋做出的决策，通常不一定符合客观事实的。所以，今天的企业完全可以用数据化方式来对选聘明星代言做比较精准的预测。

在互联网上，有很多免费的工具可以利用。比如说某个明星，他（她）在百度贴吧、新浪微博的粉丝群体中，到底被哪些群体关注、了解？哪些群体与这个明星进行互动？这阶段群体的购买属性、年龄、收入等等如何？还有就是分析这些粉丝到底喜欢这个明星的什么？是喜欢他的气质、还是喜欢他的慷慨？是喜欢她的美丽，还是喜欢他的风度？对于这个明星价值的评估，就必须要有更准确的数据、更科学的依据。

很遗憾的是，很多企业并没有通过数据分析去寻找合适的代言人，大部分是拍脑袋完成，所以很多企业所聘请的代言人并未给企业或产品加分。

预测本身也是决策的一部分，当然做决策是更深入的思考和分析之后，对一些重大事件所做出的决定。在过去，除了我们的理性思维和经验之外，大部分是靠感性思维拍板决定。而今天我们不仅要用理性思维，更要用数据思维。也就是说，通过数据把事实摆在面前，让数据来说话，让数据本身来做出决策。其实，当大数据运用范围越来越广的时候，所谓直觉也好，感觉也罢，其作用是越来越下降的。

低成本精准营销

现阶段，大数据运用非常重要的价值是帮助企业提高营销的效率。未来营销方式是基于通过数据对消费者进行分析和理解后的营销行为。当企业对消费者的需求分析得更准确的时候，就能够对消费者进行更有针对性的价值分享，当广告变成信息时，广告就不再是令人讨厌的家伙，而是消费者苛求的信息了。

对于传统家居企业，用数据实现对消费者的洞察，用人群定向实现对消费者的精准价值分享，用数据实现线上线下的可视化、透明化，是实现传统家居企业 O2O 模式，企业互联网化变革的基础所在。因为对线下企业来讲，更重要的是做好线上的"O"，也是线下企业的难点所在。

第四节　优化是手段

就是不要谈颠覆

提起"优化"二字，多数人联想的是 SEO（Search Engine Optimization，即搜索引擎优化），SEO 是一种利用搜索引擎的搜索规则来提高目前网站在有关搜索引擎内的自然排名的方式。也就是说，我们可通过网站的优化来使网站更容易被搜索到、排名更加靠前。藉此就可以与合作伙伴、顾客建立起更加良好的关系。从这个方面来说，SEO 可以让网站变得更好、更快、更有效、更有知名度。

更好、更快、更有效、更有知名度，这不也正是所有企业孜孜以求的吗？从这点来讲，将"优化"这个词用在提升整个家居产业的互联网变革上，也是合适的。

当下是个人人都在谈颠覆的时代，谈优化似乎有点不合时宜、不时髦、不时尚、不前卫。但在家居、建材这样一个庞大的产业里面谈纯粹的颠覆、完全的颠覆是不现实的。这也可以从我们整个社会发展的角度来看，中国历史上的社会除了几百年一遇的，采取颠覆似的革命手段进行朝代或政权的更迭之外，在很多时候是通过改良而剔除各种社会弊病，正是这种有意识的改良不断提高了社会运作的公平和效率，保证了整个社会长时间的良性发展。

目前，相比以前，家居产业的变革在加速，但相对于互联网而言，家居行业的互联网变革还是缓慢的。传统是一种庞大的力量，而在这个庞大的行业里面又分成了很多不同类型的企业：部分企业愿意与时俱进，不断提高效率，不断优化自身的经营效率；还有一部分企业是固步自封，不求上进，可能面临被市场淘汰、覆灭的命运；还有一部分企业处于这两者之间，既想变革却不知道如何变，所以左右观望，等待时机，这部分企业可能在某一天受到什么启示而触发其变革的动机，继续生存和发展下去。

商业变革从来就是这样，借用闻一多先生在《五四断想》中的话来表达，"旧的悠悠死去，新的悠悠生出，不慌不忙，这是演化。"在商业的演化中，不断有企业死亡，不断有企业诞生，也不断有企业重获新生。

当然这里谈到的"优化"远远不仅是 SEO，是传统企业为了应对电子商务和竞争而让自己互联网化和电子商务化，要在这个基础上对企业的整个价值链进行改良，渠道链条太长的要缩短，代理商数量太多的要减少，团队水平不高的要培训，引流能力差的要提高，引流成本高的要降低，如果对企业的价值链做了系统的思考，对价值链的每一个环节进行优化和改革、整合或剔除，企业的整体效率将会大幅提升。

能颠覆的都是稀有物种

对于经营企业而言，要彻底颠覆自己的过去，彻底放弃自己过去所积累起来的成功，是很难的，也是基本不可能的。当然也将会有稀有物种会颠覆成功。

儿童家居互联网企业酷漫居属于这样的异类。在与酷漫居创始人杨涛聊天时，杨涛说，当酷漫居想转型为一个互联网企业的时候，对他而言，原来辛辛苦苦地发展到300多家店面的时候，已经有比较可观的销售额，轻易放弃是比较痛苦的抉择。除了放弃原有销售额的风险外，酷漫居的转型还引起了代理商的反弹。当酷漫居用互联网思维进行 O2O，将线下代理商变为服务商时，对于已经习惯了过去靠高价差生存的他们而言，完全就不适应了。因为之前他一个月可以卖五套家具，现在却要卖十套家具的服务费才能达到过去一个月的盈利水平，这显然损害了他们的即时利益。

作为创始人来讲，为企业长远计，下狠心去做这种剧烈的变革，这种心情是可以理解，无可厚非的。但站在代理商的角度而言，这等于是打破了他们过去习惯的经营模式，所以部分代理商不得不放弃代理酷漫居的产品，而重新选择代理其他品牌；也有部分代理商是被动退出，因为他们不适应酷漫居新的策略，所以最终被裁汰。

在这个过程中，酷漫居所承受的代价是从过去300多家店面，到最后只剩下不到100家，2/3的渠道损失，这是一个巨大的代价，大型企业可以承受这种巨变的损失吗？一般的企业可以承受这种损失吗？如果企业贸然变革，结局只有一个，倒闭。为什么酷漫居没有倒闭反而重生了呢？那是基于四点：

一是创始人想清楚了未来；二是创始人有坚决的意志；三是资本的支持；四是网上已经有了不菲的销量。缺乏这四点，变革是难以成功的。

从另外一个角度而言，优化对企业旧有体系来说是比较轻的触动，可以设想，就在酷漫居本身具备渠道价值同时又具备资本实力的时候，如果采取优化，而不是激进的变革，会不会比现在更好？因为在今天看来，酷漫居还得重新招商，重新扩大线下体验店。虽然酷漫居的架构已经是基于互联网化的，重新招商的思路和当年的招商思路会有本质的不同（由代理商变为服务商），但无论怎么说，重新开设很多线下的体验店也是一项庞大的工程，需要巨大的资本力量去支持，去推动。

家居企业 O2O 优化最靠谱

所以说，除非处在不得已的情况下，优化提高效率应该更具可行性。我们也可以从美乐乐如何降低家居运输成本看到优化的好处。美乐乐 CEO 高扬曾经说过，国内多数家居厂商在运输产品的时候是走陆路，其成本高昂。但美乐乐将其部分集散中心建设在沿海的一些仓库里面。这样做有什么好处呢？对美乐乐而言，其每一款产品的生产量都比较大，所以就将这些产品集中到一个集装箱里面采取走海运的方式。

海运的优势很明显，因为从南方到北方的船只装载量往往不会达到满负荷，因为大多数船只都是从北方装煤到南方，所以在返回去的时候为了达到一定的装载量，海运公司愿意降低运输价格。这就为美乐乐节省了大量的运输费用。对这种运输方式的改进而言，美乐乐做的显然不是颠覆，而是根据自己情况和各种外在条件而进行优化，这种优化显然提高了美乐乐的整体运输效率，节省了大量成本。

从酷漫居和美乐乐的案例可以看到，对企业而言，如果优化是一种更好的选择，为什么非要颠覆呢？对现有资源进行整合，根据自己的实际情况提升效率总比颠覆式创新可能造成的迅速死亡要好得多。

现在流行的观点就是传统家居企业做电商，一个字，难。其实，问题的关键是要思考。我认为，今天，传统家居企业做 O2O，就是不要谈颠覆。颠覆那么容易吗？颠覆真的那么必要吗？颠覆的后果就一定是好的吗？企业就好比一个人的身体，本来靠一定的锻炼和健康的饮食就可以解决问题，为什么非要动手术刀伤及身体呢？对企业而言，如果优化是更好的选择，如果通过对现有格局进行重新排布，对现有资源进行重新整合，对现有供应链进行重新梳理，做好线上的 O，也会取得非常好的成果。

第五节　以用户为核心

日本大地震时，华为在做什么

在 2010 年日本发生海啸地震，引发核电危机的时候，很多企业都选择离开这个危险的地方，但此时，如果你的公司正好为这个区域提供通讯服务，基站、设备都在这个危险的区域，如果此时进驻，随时面临海啸地震的威胁，员工必然冒着生命危险，但通讯的畅通将会是保障救援，阻止灾害蔓延的重要支柱，此时，你将怎么做？

华为用行动给出答案。当日本 3.11 地震海啸发生时，福岛核泄漏，华为员工背起背包，和难民反方向行动，走向海啸现场、核辐射现场、地震现场，去抢修通信设备。在人流都往外疏散的时候员工们却冒着生命的危险保证了基站的良好运行。这完全是不计任何代价站在用户的角度想问题。

在2014年6月16日的媒体公开见面会上，任正非还举了另外两个例子，当利比亚战争发生时，华为并没有随之撤退。但本土员工自己分成了两派，一派支持政府，留在了的黎波里；一派反政府就去了班加西，各自维护各自地区的网络。中间交火地区的网络，就由华为中国员工维护。还有一个是当智利九级地震发生时，华为有三个员工困在中心区域，当恢复通信后，他们打来电话，接电话的基层主管说地震中心区有一个微波坏了，要去抢修。这三个员工背着背包，就往九级地震中心区去抢修微波。逆避险的方向，去履行自己的责任。华为这种做好用户服务，甚至是不怕牺牲，用实践证实了对客户的责任。

华为的行动也为其带来了意想不到的声誉，我们可以看到，华为在基站这种产品设备的营销上，几乎不做什么广告，但其市场却有增无减，因为华为靠为用户着想而赢得了用户的心，类似服务已经超越了用户的期盼。

还需要思考以用户为中心吗

在今天，以用户为中心，已经是一种普世的商业价值观。谁不能为用户提供更好、更多、更有价值的服务，甚至超出用户预期的服务，马上就会有新的产品、新的服务颠覆、替代。

在改革开放的30多年中，对于很多企业来说，更多的精力放在了产品的研发和生产上，因为在这30多年的大部分时间，企业生产产品更多是解决消费者"有无的问题"。而后随着经济的发展，国民购买力的提高，产品的大量生产，市场逐渐饱和后，以消费者为中心，用户体验等有关消费者的关怀和研究才开始丰富起来。

在今天的互联网时代，企业对用户的重视，达到了前所未有的高度。对消费者的洞察，也从未像今天如此便捷，有如此庞大的数据样本。企业与消费者之间的互动方式已经发生了深刻的变化，用户开始更多的影响企业。

但就消费者而言，无论时代怎么变化，消费者作为人，其人性没有变，食色性也的本能没变。几千年以来至今，追求快乐，追求更多、更好、更方便、更美丽、更便宜等等一切以满足人类更美好生活的欲望没变。

欲望虽然是人性的魔鬼，但也是推动人类前进的动力。所以很多企业总是在利用人性的弱点搞促销、打折、送礼包等方式吸引消费者，并且还屡试不爽，这都是基于消费者贪图便宜的本性。

除了贪便宜外，消费者也有虚荣的一面。LV 不仅仅是包，它固然可以装东西，但更多的是满足人的虚荣心理，满足人的品位需求。如果仅仅是出于装东西的需求，一个 LV 包和一个其他品牌的包有什么差异吗？没有。但为什么每个人在对待 LV 包和一个非 LV 包时，感觉会不一样呢？即使在本质上、外型上都一摸一样的包，打上了 LV 标识的和没有这个标识的就不一样了，价格更是成百倍的差异，这就是人性的弱点，人的虚荣心，从古至今都没有变过。

所以企业在研究消费者的时候，其实是研究人性。企业都是在利用人性的弱点，来打造品牌、生产产品。假如不存在人性的弱点，那么品牌是不存在的，所有打折、促销等营销手段也没有存在的理由。

马斯洛理论把需求分成生理需求、安全需求、社交需求、尊重需求和自我实现五类，依次由较低层次到较高层次排列。马斯洛的需求层次理论，用一种可描述的层次关系，反映了人类的心理和行为的基本规律，但各个层次并不能截然分开，人的需求很多都是同时存在。只是在不同阶段，程度不同而已。

对应这些基本的需求层次，对于消费者的研究也可以用这样的维度来划分以作区隔。在产品开发上，基于各产品的目标消费群体，对各个基本层面都要有所涉及，有价值，方便，视觉友好，品牌荣耀，即使现在无法拥有，一般消费者内心也是需要的。

人性没变，那什么发生了变化？最直观的体现就是企业与消费者的对话途径发生了变化，交互效率发生了变化，话语权发生了变化，口碑变得更加重要。不管是产品还是服务，在不同层面，就得超越用户的预期，就是要超越用户的预期。

除了华为，大家比较熟知的海底捞，为了让用户有更好的体验，通常点菜员会通过参照顾客的多少来建议消费者点多少，不会为了多赚钱而让顾客点更多的菜。而促使消费者多点菜，点好菜，恰恰是很多餐饮企业扩大单个消费者消费金额的法宝。而海底捞的关怀是多方面的，如等待的顾客可以免费吃水果点心，可以擦鞋盘头，可以看书下棋等等，正因为如此，海底捞不仅成为了餐饮业中的模范，而且成为整个服务行业的模范，也成为餐饮业顾客盈门的代名词。

小米手机是从用户角度考虑问题的企业，非常有代表意义。从前期调研、产品开发、改进互动，口碑评价，整个流程都有用户的互动参与，做成高性价比产品，短短数年时间，实现了从 0 到数百亿的跨域。

从人性的弱点思考用户体验

家居企业不管是原来的代理经销体系，还是尝试运行 O2O，如何做到以用户为中心呢？满足消费者超出预期的需求，或者说满足超出他预期的欲望。不管经营模式如何变化，这些都没有变。

在 O2O 中，消费者关键从两个渠道触及产品，一个是从网络平台，一个是从线下体验店，其实这两个 O 都是消费者的体验平台，网络平台上如何让消费者获得更多的体验？需要网页的流畅，产品图片的精美，客服的热情到位，实实在在的价格优惠，如此消费者才能更好地从虚拟的平台上捕捉到产品信息，产生购买欲望，很难想象一个粗糙的平台能让消费者产生购买欲望。

另一个是线下的体验店，因为家居是消费者未来"居家过日子"的生活载体，在体验店中能否体验到既健康环保又美轮美奂就显得非常必要，如果体验店乱糟糟的，还散发出难闻的气味，那么消费者本来在线上看到的产品还很喜欢，在线下却打消了购买的欲望。

所以，以用户为中心要体现在企业的方方面面，要求线上和线下的全体职员都能将"以用户为中心"的意识刻在头脑中，无论是华为还是海底捞，这类企业能够做到以用户为中心，用户自然也能感知到，选择该企业提供的产品和服务就显得理所当然。因为贴心，所以放心，消费者才趋之若鹜，这是商业中颠扑不破的真理之一。

第六节 坚定的信念是成功变革的原点

信念是成功变革的种子

在构建做好 O2O 的七大支柱体系中，前面五大支柱都是认识及方法层面的，很重要。但很多一时成功的企业，领导人在成功时忘乎所以，忘记了当初创业时的初心，成功成为企业的毒苹果；或者在变革时，无法与时俱进，缺乏变革的勇气和执着，被时代淘汰出局。

今天的局势，在产业互联网化、信息技术、大数据、电子商务等技术和趋势驱动的大变革面前，未来的发展方向都已经基本明朗，企业做好 O2O 变革所缺乏的，不是认识，不是技术，正好是下面所要讨论的问题。

"其作始也简，其将毕也必巨。"庄子在《人间世》的这句话，曾被毛泽东在1945年4月中国共产党第七次全国代表大会上引用过，用以论述中国共产党的成立，而成就共产党的基础，最核心的就是信念，信念是一切的种子。

庄子的这句话，意思是说，很多在初创时微不足道的事物，到最后都成就其伟大。在企业界，许多当初不起眼，但拥有雄心壮志企业，已经成为今日的商界典范。即便今天如日中天的阿里巴巴，当初亦是如此；今天的雄心壮志也将造就许多未来伟大的企业。但凡成功的企业，今天的成功都是建立在昨天的付出上。那么在未来，企业的成功也将建立在今天领导者梦想和努力上，在产业大变局面前，传统产业能否实现蜕变，领导者的信念尤为重要。

很多专家学者、企业家都感叹说今天的市场变化速度已经远远超越了当年的市场变化，今天的市场阻力也远远超越了当年的市场阻力。我们试想，在30多年前，从计划经济向市场经济转型的时候，第一批创业者们面临的市场不确定性比今天少吗？一点也不少。联想的柳传志，华为的任正非，海尔的张瑞敏，这些第一波中国企业家，当年面临的困难绝不亚于今天，甚至说远大于今天的创业者。但正因为他们改变现实的强烈愿望，所以才一路走来，取得今天的成功。

触动稻盛和夫成功的刹那间

在日本的四大"经营之圣"中，其中两位之间发生的故事值得我们体悟。这个故事在稻盛和夫著作《活法》一书中有过描述。在60年代，松下幸之助已经是一位家喻户晓，大名鼎鼎的企业家，虽然还没有被神话。而这个时候的稻盛和夫还只是一个名不见经传的中小创业者，刚刚创立的企业还面临着企业生存发展危机。

就像今天的中国，很多中小企业家热衷去听柳传志、张瑞敏、马云、王石、雷军演讲一样。在那个时代的日本，许多中小企业家一样，也都喜欢去听松下幸之助、盛田昭夫等杰出企业家的演讲。

有一次，松下幸之助对台下数百位中小企业主讲后来很著名的"水库式经营"。松下幸之助说：没有建水库的河流，在出现大雨的时候很容易出现洪涝灾害，可在干旱的时候河水却会枯竭。所以要建水库，在雨涝的时候，要具备蓄水的功能，以备干旱之需。而在天旱的时候要用蓄水以供农业灌溉。对企业来讲，这个道理也是适用的，企业也要像水库一样，市场好的时候，要懂得积蓄，市场不好的时候，可以把积蓄的力量放出来度过危机，企业经营的环境有好有坏，如果利用水库式经营，企业才可能应对危机。

这本来不是一个难理解的问题，老子在《道德经》中说，"祸兮福所倚，福兮祸所伏"，这两者总在不断的变化过程中。所以根据这种哲学观，无论是国家、个人或是企业，最好的应对之策就是，在好的时候要有预留，在不好的时候才能有积蓄度过艰难。

当松下幸之助讲这个道理的时候，下面的中小企业家们开始起哄了。对台下的中小企业家而言，他们认为更需要的是如何发展赚钱的问题，而不是建水库的问题。有一个企业家提问时表达不满，如果说我们能实现你这种"水库式经营"的方法很好，关键是现在做不到，我们希望听到的是怎么赚钱，可是你没有告诉我们，这不等于白说吗？

这个时候松下幸之助有些难堪，觉得不好回答这位企业家的话，因为根据他自身的经历，他觉得这是不需要问的一个问题。所以，他就自言自语的说，好像也是自己在回答自己，他说：这个反正得想，必须想，如果你不想，企业在未来就没有机会。

大家显然不满意松下幸之助的回答，于是场下交头接耳，牢骚满腹。

但其中有一个人没有笑，这个人就是稻盛和夫。后来，他在回忆录里说，所有在场的人都哑然失笑的时候，我却好像被一道闪电击中，松下先生讲的话对我来说简直就是真理，犹如一股电流通过全身，受到了极大的震撼。松下先生的"你必须得想"这句话传递了一个真理，"首先得想"，这话很重要，造水库的方法因人而异，没有千篇一律的方法可教，首先得有建造水库的强烈愿望，这种愿望是你做一切事情的开始，如果你有这种强烈的愿望，方法才会随之而来。

在这一群人中，稻盛和夫后来跻身于四大经营之圣，也是其中最年轻，现在唯一健在的一位，当年跟他一起听讲座的人到底都哪里去了？我们不得而知，但是我们应该从这个故事中得到启示，创业的时候，具备一个强烈的愿望很重要；变革的时候，愿望一样是成功变革的原点。

方法跟随强烈的信念而来

愿望是我们事情做成功的一个原点，一旦具备了这种内心升腾起来的强烈愿望，方法随之而来，其他资源在强烈愿望的吸引下，也会逐步被吸引过来。

对家居产业的互联网化和 O2O 模式而言，2008 年可以说是家居电商的一个重要年份。在 2008 年 4 月，天猫的前身淘宝商城刚刚开始，还苦于没有大品牌入驻，四处攻坚拉拢大品牌。那一年，现在的家居电商明星企业美乐乐和林氏木业才在淘宝开始了他们的创业征程，还没资格进入阿里巴巴刚刚创立的淘宝商城。那一年，在国内家居界赫赫有名的曲美开始了它的电商之路。那时正好是淘宝商城上线，正极力拉拢大品牌，被说服的企业得到淘宝商城流量大力扶持的情况下开始做电商团购，那一场所谓的电商仅是在彼时淘宝商城诱惑下的一场家具电商秀。当时很热闹，曲美号称电商销售一个多亿，取得看似辉煌的电商战果，很成功，曲美一时成为了家居电商的领头羊，家居电商成功的代名词。现在看来，那仅是为天猫站台的一场秀。因为即使到今天，曲美也没有摸索出真正可行的电商之路。

而在数年后的今天，当时的美乐乐，已经成为行业电商的标杆和样板，成为在 2013 年销售近 20 亿的企业，这个规模，已经可以排在家居企业销售规模前十，而增长仍然是快速的。在今天看来，作为拥有很多独立店的曲美，完全很有机会完成 O2O 模式的变革。

如果曲美在 2008 年开始的电商化取得成功，今天的曲美也许就不会是现在的曲美，可能是 3 倍 4 倍于今天的曲美。

那为什么很多当初做电商的传统企业，热情度不可谓不高，当时的认识也不可谓不深，但为什么没有转型成功。关于这一点，与企业家对于事物认识的广度、深度和强度有重大关系。

如果没有非常强烈的想法，没有非常强烈的想变革的愿望，就不会有张瑞敏那种自我革命的勇气，泛泛地去想一件事情，是不可能透彻的想清楚未来企业到底应该成为一个什么样的企业。对于家居行业的电商之路，未来到底会呈现出怎样的状态，为了达到这个状态，我们应该如何去做电商，对这一问题，很多企业从开始就没有搞明白。当不断出现新问题时，就容易困惑，就会产生动摇而不是迅速调整。

如果有强烈的热情，就会聚焦思考问题，如果聚焦思考，就会看清楚企业的未来。稻盛和夫说，就是要有无论如何也要让事业成功的这种强烈愿望，做到极致，只要具备这种意识，哪怕资金、技术、人才不足，都可以用这种热情和执着去弥补，就可以让事业获得成功。

2014 年 6 月底，稻盛和夫在杭州的一次演讲里反复提及，在意识里迷藏着巨大的能量，要远超过用头脑进行的思考，在他的人生中，意识所具备的强大力量是其他任何东西所无法比拟的。

第七节　持续是关键

在产业互联网的发展变革大潮中，传统企业的变革就像企业再来一次西天取经。具备坚定的变革信念之后，还需要做什么呢？

我想引用稻盛和夫在《活法》一书所论述的三个观点。

将变革实现状态呈现在头脑中

很多企业变革之所以失败，是因为没有看清楚变革的终局是什么，没有在头脑中反反复复思考问题的实现方法，没有在思考过程中排出错误的东西。

稻盛和夫说，思考推敲，反反复复、孜孜不倦，在这个过程中，通向成功的道路变得清晰，仿佛已经走过一遍。开始的时候只是一个想法，一个变革的梦想，通过这种思考，梦想所希望的东西慢慢的变成可以实现的东西，思考越细致，可能实现的现实便与梦想无限接近，梦想和现实的界限消失，梦想实现时的那种状态即便还没有开始，但已经在头脑中清晰的呈现出来了，而这种清晰的状态不是一般的黑白状态，而是非常清晰彩色状态，更逼真，更自然。如果能清晰的看到未来，便可以开始第二步了。

缜密的计划和精心的准备

今天的产业变革是前无古人的变革，没有成功经验可以借鉴，鲜有标杆可以学习。在这种巨大机会与风险同在的产业变革中，如果变革成功，企业自是获得快速成长壮大的机会。但稍有不慎，即使企业今天还能维持，有些利润，但也会承担变革不利的巨大代价，这也是很多企业今天的顾忌，明明知道不变不行，不变就是等死，但苦于无应变之策，只能慢慢等死。对部分企业而言，与其变革快速找死，不如不变等死。只是今天的产业变革，已经不以个人的意志为转移了。

变革的梦想往往只是代表一种热情，但在构建具体的计划时，情况就不同了，这就必须涉及可能出现的各种风险，进行慎重分析，制定周密计划。

稻盛和夫特地举例说，日本冒险家大场满郎是全世界第一个独步穿越北极和南极的人。有一次，大场满郎拜访稻盛和夫，以表达对稻盛和夫提供产品资助的感谢。一见面，稻盛和夫就称赞大场满郎冒险的勇气。但大场满郎立即否定，说，不，我并没有那么神勇，正好相反，我是一个胆小怕死的人，正因为胆小，我就不能不做精心准备，恐怕这才是我成功的原因。

稻盛和夫特别感慨，不管什么事业，能够成功必然与众不同。大场满郎的话也表达一个真理，缺乏小心周密为基础的勇气和热情，只有蛮勇，是不能成事的。

在企业界，蛮勇变革的企业比比皆是，失败的案例层出不穷，这都是缺乏了缜密思考、精心准备的必然结果。

如果精心准备后，执行阶段仍然要热情满怀。对于这样一个逻辑环节，稻盛和夫用了大胆想象，悲观计划，乐观执行来概括。在我看来，数年前开始尝试电商化的家居企业，之所以到今天仍没有什么进展，重要的原因之一便是没有精心准备便被忽悠上马，赚得了热闹，收获了迷茫，真是得不偿失。

持续努力，锲而不舍

稻盛和夫说，梦想与现实的巨大落差常令人烦恼不安。但要想成功，必须过好每一天。此刻这一秒的积累就是今天，今天这一天的积累就是一周，一月，一年，当我们意识到的时候，就已经登上了原以为高不可攀的山顶。

企业经营确实很像爬山，当我们面对一座数千米高峰，在山底下仰望它的时候，觉得很困难，心底会不自觉地产生一种挫折感、畏惧感。可当我们迈开步子，坚定不达目标不罢休的信念，一步一步向前走。在某个时段，会觉得很累，再也坚持不下去了，可是当我们咬咬牙坚持一会儿，就会发现又轻松许多，当你达到终点后，回头一看，"哇！我居然走了这么多，太了不得了"。

这就是持续的力量。

成功的企业家，其成功不仅仅是商业模式的成功，都有经营哲学在指引。在今天的产业巨变面前，传统的家居企业如何变革？问题实在太多、太杂、太重，人才、资金、技术、模式、竞争、环境等，哪一样都足以致命，要在这种情况下完成企业变革，实在太难。O2O 模式的变革亦是如此，这已经不仅仅是方法问题，还是关于企业经营哲学问题。如果对企业经营哲学有通透的认识，我相信，今天家居企业的变革便会有一盏明灯。

酷漫居创始人杨涛下海创业，从办公家具开始，由办公家具转型做儿童家具，从儿童家具转型升级为儿童动漫家居，并且从一个传统制造企业转变为一个互联网企业。每一次转型，都是一次阵痛，但正是这种强烈的信念和持续的推动，我们今天才看到一个不断走向成功的儿童家居互联网品牌企业酷漫居。在这个过程中，我们可以看到信念和执着到底发挥了怎样的威力。

附　录

酷漫居创始人杨涛在2014年盛和塾大会上发表的演讲节选

在我的短短人生经历中，可以分为两段，一段是遇到稻盛哲学前，而另一段就是遇到稻盛哲学后，遇到稻盛哲学是我的人生的一个重要转折点。

创业艰辛？

我1992年华南师范大学毕业后留校任教，当了一名大学老师。3年后，进入广东省文化厅系统工作，正是这一段经历，让我了解到文化的力量。2年后，下海成为了广东香江集团的高管。看到了家具市场巨大的发展潜力后，1997年自主创业成立办公家具公司，不到3年，销售额已经成为广州办公家具前三甲，算得上是当时广州家具制造企业的"优质股"。

但办公家具业务过于依靠政府采购做生意，一方面，业务量根据政府需求上下浮动，极不稳定；另一方面，公司缺乏自己的终端渠道和品牌，无法形成自己核心的竞争力。随着市场竞争的日益激烈，这样的业务体系可以说脆弱得不堪一击。

当时，危机虽然还没有逼近自己，但转型已经是箭在弦上的事，这对于许多当时还沉浸在公司业务持续上涨的喜悦中的拍档和员工来说，是一个压根没有想过的问题，我当时的直觉就是不能等走到路的尽头才回头，当你已经发现走进了死胡同时，实际上已经离死亡不远了。

必须转型，但是往哪转？转做什么？我不断思考这个问题，并报读了中山大学的 EMBA。经过一段时间的调研和分析，发现儿童家居是中国家居行业的一个空白领域。每年的市场规模高达数百亿，市场上没有很大的品牌和很强的竞争对手。

随着中国消费者购买力的不断增强以及对子女成长的高度关注，孩子分房睡觉是刚性需求，只要是孩子喜欢而又在力所能及的范围里，家长大多会满足。因此，我认为儿童家居在中国未来的发展有巨大的空间。在坚定了自己的想法后，我决定放弃已经营 8 年之久的办公家具而转向毫无基础的儿童家具及家居用品，做自主品牌，推出了"我就喜欢"系列儿童家具。

如此"疯狂的决策"引起了股东的激烈反弹，他们无法理解为什么好好赚钱的生意不做，要去转型而且是这么彻底，虽然被我说服，但心里没有完全接受。

然而，选择转型之时正是国内儿童家具行业高速增长的阶段，国内专业生产儿童家具的公司在 2005 年以后一下子冒出来 200 多家。在缺乏品牌影响力的儿童家具市场，自主品牌之间仍然处于低端竞争当中，当时市场上出现的儿童家具根本没有本质的区别，外形设计也相差无几，自身的知识产权很难受到保护，最终陷入价格战。我开始发现，我们没有想象中的乐观，公司亏损了。

不停地烧钱让我有些吃不消，2006年，公司的负债已经达到2000多万元，合作伙伴也纷纷撤资离开，短短一年时间内，公司人员缩减了一半。但是就是在这样的情况下，我却越来越感到这个细分市场的机会和魅力。

由于有文化部门工作的背景，我创新提出了把动漫元素融入儿童家具，跨界介入动漫产业的进一步转型的战略构想。

"一个没有任何基础的家具制造型企业要想短期内创造一个被消费者所接受的儿童品牌基本上是不可能的，能否借助那些已经发展的非常成熟动漫品牌，把他们品牌的优势和我们对于行业的经验结合起来，也许就是一个具备优质基因的混血儿。"

带着这种设想，我从广州飞往上海，找到迪士尼公司，希望能获得迪士尼品牌形象在儿童家居领域的授权。由于事前准备不够充分，没谈半小时，我们就被对方"请"了回来。千里迢迢，连杯水都没喝上，结结实实吃了一次闭门羹，很是"悲壮"。

我深刻地感到，要与国际化的大公司合作，就必须先学会国际化的商业标准，而不是以往做业务时试图吃两次饭就可以解决问题。于是，我花了将近3个月的时间，写了足足140页的商业计划书，详尽地阐释了把迪士尼品牌和动漫形象与儿童家具进行整合，为孩子提供一站式动漫儿童家居解决方案的想法，并且绘制了融合迪士尼动漫形象的儿童家具图稿再次登门。

这一次，我们的创意和诚意最终打动了迪士尼，得到了迪士尼在国内儿童家具领域的正式授权，并同意我们用迪士尼品牌来建设儿童家具销售渠道。

然而，因为前面股东的撤资和自主品牌运作的失败，公司几乎已经被掏空，迪士尼的形象授权费和前期的推广、运营费用对于此时的我来说是不堪重负。我卖掉了自己的车和房产，再依靠向朋友借来的钱勉强支撑着公司的发展，最困难时烧光了全部家当4000万，6个月没有给员工发过工资，虽然尚未盈利，但公司完成了前期的战略准备。这时我听从我的贵人迪士尼中国区总裁张志忠先生的建议，把工厂连同土地全都卖掉，于2008年12月正式成立广州酷漫居动漫科技有限公司。从一个传统的制造业公司向轻资产的文化创意和互联网公司转型，开启了"儿童家具家居＋动漫＋互联网O2O"的全新商业模式，并在他的帮助下拿到了第一笔的天使投资500万，随后又取得了投资人的认同，获得了两轮共1.6亿的风险投资，公司经营走上了正规，并朝着我设想的方向在成长！

初识稻盛

由于这样的经历，在企业的经营过程中，我不断的在反思：

1、企业存在的目的究竟是为什么？是为了实现创业者个人的理想，让创业者成为富豪还是有更高尚的目的？

2、企业和员工的关系究竟是什么？为什么在朋友，拍档，家人选择回避的时候，员工却选择了相信并坚持？

3、企业未来究竟怎样才能更好的发展？在今天，怎样经营才能让企业高速成长并且基业长青？带着这些问题，我苦苦在追寻，但又不知找些什么！

2011年5月11日，我永远会记得这一天。我从杭州前往北京出差，我的朋友富基融通董事长颜艳春先生到机场接我，为我接风，席间他说他近期要到日本学习，他说日本有个企业家叫稻盛和夫，一辈子经营了2家世界500强公司，去年都快80了，还被日本政府请出山来拯救日本航空。他写了一本书叫《活法》，你有空看看。

这是我第一次听到稻盛和夫先生的名字。不久，我所在的广东中小企业促进会邀请盛和塾的老师来给我们上课，老师在课中详细讲述了他对稻盛哲学的研究，指出了稻盛哲学与阳明心学之间的关联，着重分析了稻盛先生怎样把他的哲学思想和阿米巴经营结合起来，打造了京瓷王国的商业逻辑。这堂课对我影响很大，我隐约感觉这种把哲学思想和经营结合起来的方法是不是就是我要寻找的方向呢？

又过了一段时间，我接触到了广东盛和塾秘书长齐家辉女士，并在她的介绍下参加了重庆盛和塾举办的一个活动，带我们走访了华为、腾讯和海底捞。特别是海底捞，深深的把我震撼了，员工那种自主服务的意识，发自内心的笑容，以及海底捞比我家厨房还要干净的后厨，我一下子明白了，为什么稻盛先生要把提高全体员工物质与精神两方面的幸福作为企业宗旨；明白了企业经营的终极目的是原来就是为了员工的幸福及为社会做贡献；明白了只有真

真正正把员工的利益排在第一位才能实现企业的基业长青；明白了
只有把企业经营和哲学思想牢牢的结合在一起才能产生核裂变一般
的动力。

自我转变

心找到归宿，人就开始变了。

参加完重庆盛和塾组织的考察活动回来后，我为自己和员工订
购了一大批稻盛塾长的著作，开始了如饥似渴的学习；我开始推掉
了许多组织头衔，但却积极的申请加入盛和塾并参加塾里组织的各
种活动，并且成为了骨干。2013年7月，我前往日本参加了盛和塾
世界大会并亲耳聆听了塾长的教诲，更加坚定了学习稻盛哲学和阿
米巴实学的信心。同时，我还参加了学习阳明心学的致良知小组，
应该说阳明先生的"致良知"和稻盛塾长的"作为人，何为正确"
同根同源，这也是众多中国企业家把中国传统文化和稻盛哲学结合
在一起学习的原因。

在这些学习中，我有两点感悟：

1、清空自己。在学习稻盛哲学和致良知的过程中，首先要放空
自己，进入状态，以虔诚的、空杯的心态去修行学习，如果自己的
内心是被填满的状态，那么是无法吸收的，相反总是想当然的站在
不同点去思考，甚至产生排斥的心理，无法理解塾长的深刻含义。

2、放弃我执。稻盛哲学看似简单，实则博大精深，必须要进
行深入学习和理解，了解的越深，感悟就越深，才能做到提高心性，

拓展经营。如果固执已见，无形中就给自己筑了一道心墙，在践行中就会有纠结反复，不利于企业和个人的成长。

在个人提升的同时，我和团队一起通过读书、培训、参观考察，反思我们企业经营中的问题，并思考如何能够通过哲学共有来统一团队的管理理念、工作作风。知行合一，稻盛哲学和阿米巴实学如果停留在口头上，停留在墙面上，就将会高高挂起，就会失效。只有行动践行起来，才能有效果，员工才能感受到真实变化。

02

第三章

**线上难下，家居电商
如何开辟第二战场**

下线改革，效率第一

与庞大的家居产业相比，纯家居电商企业只是九牛一毛。因此，探讨线上企业下线来的问题，对整个产业来讲，并不具备普适性的意义。因为整个产业的互联网化变革，核心是线下企业的变革。但这些纯家居电商企业努力下线的尝试和实践，从另一个方向证实了家居产业线下体验的重要性，无疑能够给予传统家居企业的变革提供理论参考和经验。

在数得上的几家电商企业中，我选择天猫家居、齐家网作为渠道企业分析的样板，选择渠道品牌化之前的美乐乐作为产品品牌电商分析的样板，来分析线上企业下线来，进行O2O模式尝试的情况。

线上企业下线来有一条必须遵循的基本原则，也就是第二章所谈的核心支柱之一，那就是效率的提升，如果线上企业下线来，建立O2O模式后的效率低于线上模式，或者低于互联网化后的线下企业，其O2O模式必将失败。

第一节　家居电商难以弥补体验短板

从电商诞生伊始，首先受到冲击的都是流通环节。因为首先诞生的电商企业都是流通渠道企业。不管是早期的当当网对图书渠道，京东对 3C 渠道，以及天猫对各行各业渠道的冲击，无不如此。这些纯电商企业，打着革命的旗号。"革渠道的命，革卖场的命"，一路攻城略地，在一些标准化程度较高的图书、服装等行业，传统渠道商已经溃不成军。

但家居产业，老革命碰到了新问题，用线上的打法已经革不动了。

电商企业发现，对需要线下体验和服务的家居产品来说，靠线上并不能解决一切问题，迫切需要在线下开辟"第二战场"，而 O2O 模式的兴起，给电商企业的线下尝试提供了理论依据。

为什么体验店对家居电商如此重要呢？

家居产品通常需要全家决策

在家居卖场，我们通常会看到一家人一起来选择家居，最终在休闲、体验的过程中完成消费。这是因为家居产品不属于快消品。大件，居家长期使用，同时价格不菲，还得考虑整个家庭成员的意见。因此，消费者选择时都很慎重，不但要考虑质量、售后等问题，还需要考虑是否与整体家装风格搭配，以及全家人购买后是否会享受到舒适的居家生活等因素。但是，通过互联网渠道并不能完全满足以上全部需求。这个时候，线下体验就会变得极为重要和必须。

家居产品多属于非标准化产品

对于标准化程度比较高，体量比较小的产品，如衣服、图书、3C 等，消费者可以通过网上购买，通过快捷的物流配送到家，即便退货换货，成熟的电商企业也能够完全满足消费者的诉求。但如果是家具这种大件商品呢？这就不好说了，因为对大件的家居产品而言，不管出现任何问题，其退换货的成本都极为高昂，而且还非常不容易，需要分拆、重装，退换一次就需要重复拆装两道工序，退货体验极差。如果有了线下体验店，消费者在实体店看过产品，也真实感知过了，那么购物相对而言就会更放心。

因此，消费者对于家居产品的重视程度和体验需求，要求电商平台通过实体店来打消其顾虑，进而弥补自己的线上短板。

家居电商商业过程漫长

因为大部分家居属于大件商品，其价值比较高，体量比较大，产品大多是半成品，随之产生的各种问题就是产品需要装修工去测量、需要安装、需要售后服务等。而以上这些环节，并不能仅仅依靠线上就可以完成，更多需要线下体验店和线下服务来承载。

除此之外，另一个细节是消费者的购物心理和习惯。过去几年中，纯电商平台售卖的家居大多数是一些价格便宜、档次较低的产品，而真正的中高端产品极为少见。事实上，这与顾客的消费心理有关。对于中高端以及贵重商品，消费者更需要通过实际体验来比较同类产品的差异，比较后才能放心做出选择。如果没有看到实物，也没有进行过比较，大多数消费者并不能立即完成消费行为。

综合以上种种原因可以得出结论，纯电商企业要想全面进军家居行业，获得更大的市场份额，最大的阻力和影响其发展速度的是线下体验瓶颈。根据木桶理论，一只木桶能盛多少水，并不取决于最长的那块木板，而是取决于最短的那块木板。毫无疑问，纯电商企业在这几年的大肆扩张，说明了其线上平台有很强的营销能力，是其长板。但对家居这一产品而言，纯电商企业要想获得更大的市场，线下却是其短板。这块短板弥补不了，整体的发展就受到了限制，实现 O2O 模式就是一句空话。

所以，诸如天猫，其吸引家居消费者流量的能力不成问题，但其发展速度在家居产业并没有想象的那么迅捷与乐观，反倒是在2014年，广东1500家家具企业退出天猫。

天猫家居 O2O 渐行渐远

天猫家居开启线下体验之旅，有两起著名的事件。

2013年天猫双十一大促期间，天猫希望建立 O2O 模式，通过线上引流，让消费者到线下的各大家居卖场去体验。同时鼓励品牌商在线下实体店持 LOGO、贴标识、扫二维码、收优惠券，将款项直接刷到支付宝上。天猫的初衷是让消费者看到实物，但是带来的结果却是消费者在线下家居商场看货，却从网上下单，钱进了天猫的口袋，线下家居卖场将会沦为天猫线上店铺的"实体试衣间"。

这种挖墙脚行为自是引起了红星美凯龙、居然之家等线下卖场的联合抵制，为此，中国家具协会市场委员会《关于规范电子商务工作的意见》明确写着，"不能变相让卖场成为电商的线下体验场所，不能让经销商成为电商的线下搬运工；厂家和商户在线上开展低价促销时，要向卖场等主要合作伙伴进行通报并将卖场的价格调至与线上一致；不许通过电商移动 POS 将卖场的业务转至他处进行交易。"红星美凯龙、吉盛伟邦、欧亚达、居然之家、月星集团等19家知名家居流通品牌已悉数签字认可，共同抵制天猫家装。

结局是天猫迅速放弃家居双十一的 O2O 活动，不是天猫心肠软了，而是因为没有线下的支持，天猫做不到。

天猫家居更早的线下体验其实在2012年就开始了。家居产品需要更好的线下体验，天猫早有所知，为此不惜亲自上阵，开设线下体验馆。2012年3月，天猫爱蜂巢体验馆在北京四惠开业，因为经营不善，很快就撤离四惠，搬到南四环边的城外城。再度在 O2O 领域深耕细作，目的就在于希望以此打通线下体验的入口，弥补短板。但结果仍然不理想，门可罗雀。

天猫虽然于2014年3月10日推出了"天猫家装季"活动，其采取的策略是联合品牌厂商、以及地方服务商一起推动该活动，试图利用线上流量的优势来带动线下。6月组织品牌建材企业组建线上联盟探索电商 O2O 新模式，但这些都只能算是小打小闹的尝试，在可以预见的将来，天猫的线下体验还有很长时间的摸索，或者根本就没机会在家居产业实现天猫版的 O2O 模式。

天猫家居 O2O 为何渐行渐远？核心就在于天猫没有在线下体验上实现创新，没有解决多方利益关系，关键是并没有获得产业链效率的提升。

第二节　提高成交率是线下体验店的核心价值

纯电商在其他行业的崛起更多是靠去中间化，提高效率，抢食中间环节的利润，去除各种场租和中间环节的各种费用，从而具备了吸引消费者的价格优势。但现在家居电商却要在线下开体验店，场租和人工费用反而又要和传统行业重叠。电商成本结构上增加了体验馆成本，在这种情况下，家居电商如何在运营成本增加的情况下，做到产品价格低，高效率运营呢？

这个两难问题怎么处理呢？那就是不要为了体验而开店，不要像传统家居企业那样开店，因为现在家居卖场已经大量过剩了。开的越多，和传统的店越重叠，负重就越大，再加上费用不菲的线上平台费，成本将会来越来越高。

对纯家居电商企业而言，要开设线下体验店，并不是一件简单容易的事情。

秦国的秦武王终于实现秦国历代君主孜孜以求的东出梦想时，为了向天下宣告秦国不再是过去被东方六国冷落、蔑视的秦国时，他不听大臣的劝阻，使出自己浑身力气去扛起九鼎，就在扛起来的那一刹那，秦武王也衰竭倒在地上，最后不治身亡。从秦武王的故事我们可以看到，不自量力的蛮力绝对不可鼓励。

所以，纯家居电商企业在开线下体验店的时候，要了解自己具备多大的资本能力，体验店是否与自身的体量相匹配，否则不如像品牌家居电商林氏木业一样，一直做线上品牌，仅满足部分消费者的需求。

在我看来，家居电商企业开设体验店须有明确目的和方法，必须实现整体效率的提升，否则只会失败。

体验店可以抢占线下流量入口

目前，整个电子商务成交额只占整个产品零售额的5%。对于数万亿的家居产业而言，家居电商零售份额更是不到这个比例。这说明，主流消费者更多是到线下体验成交。

对天猫家居、齐家、美乐乐这样家居电商而言，优势在于拥有很大的线上流量。由于可以判断天猫已经放弃自建体验馆，齐家网刚刚开始建立体验店无法作深入观察，真正可以做较深入分析的，是家具品牌电商美乐乐。

从2011年开始建立线下体验店，短时间内迅速建立了300家体验店的规模。虽然体验店对线下人群有一定的引导作用，但美乐乐更多的是依赖线上流量为线下带来生意，如果依赖线下流量，就跟传统卖场没有区别。到目前为止，可以认为美乐乐是唯一成功实践O2O模式的家居品牌电商企业。

开设体验店让消费者更信任

无论是商业谈判也好，还是客户签单也好，合作的基础是信任。消费者的购物心理也是如此，特别是对大件商品，消费者对看得见的东西更相信，而对看不见的东西，其信任程度则会大幅降低。过去的电商，除了图书，消费者不用去实体店查看外，服装、家电和3C，消费者一般都会去实体店试穿、试用一下，后来随着购物习惯的养成和电商平台的成熟，消费者才逐渐形成信任感，这种信任感还是建立在品牌企业多年的品牌价值积累之下形成的。

但对家居这种特殊的产品，消费者还是很谨慎。在消费者常规的购买习惯里，会认为凡是有店，就是企业实力的象征，就能保证产品质量和售后服务，产品又能看得见摸得着，心理比较踏实安全。

中国有句古话叫"跑得了和尚跑不了庙"，就是说线下体验店会给消费者带来一种"抓得住"的感觉。通过这种感觉，消费者对企业产生了信任，在这种信任下，消费者产生消费行为就相对容易很多。

线下体验店加速消费者购买

对于家居电商企业美乐乐来讲，体验的目的究竟是什么呢？就是为了加速消费者的购买决策，增加成交比例。如果不考虑线下流量所带来的销售，可以如下分析美乐乐电商的转化率与线上线下成本之间的关系。

在美乐乐开设线下体验店之前，如果每10000个访客有2000人成交，此时企业正好处于盈亏平衡点。在开设了300家体验店后，如果要分摊300家体验店的房租和运营成本，同样实现盈亏平衡，那就必须实现每10000个访客成交3000人。如果实际运行情况是有了体验店后，消费者能够凭眼睛看，凭鼻子闻，凭手摸，通过这种人体器官的感知，每10000访客能实现3000人以上的成交，那就说明线下体验店加速了成交，提高了效率，是成功的，何况还有线下客人所带来的增量订单呢。

我曾亲自考察过美乐乐的体验店。这个店位于北京西北五环外，对于北京市中心附近的居民而言，这是一个很偏远的区域。在该地段，美乐乐的店面大概300平方左右，门前的车场可以停10辆车左右。

当时正是在2014年正月初九，也就是年后刚开始上班的日子。通常来讲，这个时段是家居消费的淡季，因为消费者多数还沉浸在节日的气氛中。这个时候很多卖场还没开始营业，即使有开业的，也是冷冷清清，很难看到消费者的身影。即便有，多数也很难在短时间内完成购买。可是我在美乐乐看到了不一样的场景。

我是下午4点钟去的，这个时候已经不是销售的黄金时段，特别是在这种比较偏僻的地方。但在这家店，我看到了4对年轻夫妻。我询问了一下，有3对是通过线上引流过来考察的，另外一对是通过朋友介绍来考察的，门口的停车位上停放的正是他们的车辆。

这样的地方，如果是同样面积的店面，其场租成本一定远远低于繁华市区的大卖场。相对的人力成本也要低一些。因为在远离市区的地方上班，员工可以就近租房。而此处的房租要比市内便宜很多，这无疑为美乐乐的线下体验店节省了大量成本。

后来我还了解到，去美乐乐买家具的消费者，大部分是在线上有了基本的了解后才到线下去体验的，那么这部分消费者其购买的意向非常明确。也就是说，凡是到了店面的人，购买的成交率要比传统卖场的顾客高很多。

借助互联网企业网络流量的优势，美乐乐在刚开始开设线下体验店的时候，就已经考虑到了如何用线上流量来"养活"线下店面。所以美乐乐线下的流量基本都来自于线上的引导，一旦这些目标群体进入体验店，成交率自会大大提高，同时会形成二次口碑传播，这正是美乐乐开设体验店的好处。

因为就美乐乐整体而言，线上线下已经是融合的，是一个利益整体，既不会产生管理上的麻烦，也节省了很多线上跟体验店之间的利益纠葛。所以线上生意跟线下的经营完全互相融合，通过线下的引流也会对线上产生良好的辅助效果。

可能有很多纯电商人士会问，体验店是否一定要开到偏远的地方？未必。因为这样的话，新的问题又产生了。如果开设到比较偏远的地方，虽然说场租会便宜一些，场地也会大一些。但是偏远意味着对消费者的购物便利提出了新的挑战，而且偏远还意味着线下体验店自身很难产生消费流量。难道说美乐乐就没有这样的问题吗？也是有的，但美乐乐比较好地解决了店面选址和消费者引流的问题。

所以选址没有一个统一标准，是一个效率平衡问题，最终在坪效上见高低，美乐乐的线下体验店的坪效是普通家居卖场的3~4倍，体验店的价值自然不菲。当然，美乐乐的模式也只适合于美乐乐现阶段的运作，渠道化后就未必适应了。

2014年7月19日，美乐乐第一家6000平米的大店在成都开业，正式迈出了渠道电商O2O模式的步伐。只是美乐乐的这一次蜕变是"飞龙在天"还是"亢龙有悔"，尚不得知。但对于美乐乐和家居渠道都意义非凡，意味着美乐乐从以前的尖刀小分队作战变为集团军作战，意味着从产品品牌竞争变为渠道品牌竞争，对手瞬间从蚂蚁变为大象，一切都变了，战略定位，效率竞争，利益分配格局和粮草将会是成败关键。新格局下，用未来的思维打今天的竞争。

对 话

与美乐乐 CEO 高扬的对话（美乐乐如何拓展线下体验店）

李骞：美乐乐的第一家体验店是什么时候开的？当时遇到了那些困难？又是如何考量的？

高扬：我们是在 2010 年元旦开始融资的，春节过后，到了 2011 年 2 月底我们拿到了第一笔资金，很快便在成都物色店面。我记得是 4 月 17 日，我们全国的第一家店在成都开业。但在开业之前，我们心里其实都在打鼓。首先，我们没有线下店面的经营经验，说白了就是以前没有干过；其次，我们在周边打听，发现也有一个家具城，也是在位置很偏的地方，这个店干了 3 年，一个月能卖 7 万，还觉得不错呢。然后把我们店面的各方面费用进行了预算，发现我们一个月得卖 15 万才能持平保持盈利平衡。

李骞：15 万显然是个压力，当时为什么没有放弃？

高扬：这就是基于美乐乐本身的优势了。因为美乐乐开设线下体验店后，跟纯线上平台不一样，跟纯线下平台也不一样，效率要高很多。我们在纯线上一个月能做 1 万多，纯线下同位置一个月能做到 7 万。但是在同样的位置，我们借助美乐乐的线上平台引流，线下平台体验，我们做到了几十万甚至上百万。所以紧接着成都第一家店成立以后，连续在北京、杭州和广州又开了 3 家，几乎是复制相同的方式，全部取得了良好的效果。

李骞：美乐乐的开店势头很猛，而我们知道目前线下很多家居企业的店面因为经营压力而关闭很多，尤其是租金压力给开店带来很大风险，美乐乐是如何规避这种风险的？

高扬： 举个例子，比如说北京，我们开的第二个店，开始在立水桥，地理位置看着不错，是在地铁站旁边，并且附近有大中电器，苏宁电器，所以人流是蛮多的，一个月租金是25万元，租金也是蛮高的。我们试了6个月，通过分析这6个月的数据发现，线上过来的占一半，从路口经过的占了一半（纯线下）。虽然线上、线下人流各占一半，可是成交的销售额，线上过来的占到85%，线下走进店面的转化率只有百分之十几。

那么这个帐就很好算了，因为要不在那个位置开店，我损失的是百分之十几的线下，但是我在附近搬一个位置，面积差不多的，租金只要七八万块钱，我还能保持之前百分之八十几的销售额。经过这么一算，我们就把租金贵的那家店撤了。在立水桥的这个店给了我们一个很深刻的教训，就是两种完全不同的模式下，其开店方式也是不同的。

李骞： 也就说美乐乐避免了传统开店的租金压力，线上引流却没有损失。您给我们总结下开店经验吗？

高扬： 一种传统的渠道模式，就是以现在的零售店为主，它是一个以地理位置吸引客流量的模式，开一个店需要对周围的小区啊，道路的人流量啊，做很多很多分析，最后在这个地方能抢到一个很好的位置，这样可能你的客人就很多，它是以一个地理位置吸引客人的模式。现在大多数零售店是依靠这个模式，它的问题在哪里？租金太高。尤其是北京、上海，整个商业地产过于发达，其实最后的钱都被房东赚了。

那么 O2O 下怎么进行线下体验店布局呢？其实并不是特别依赖地理位置，我们的客户大多都是从线上平台过来的，他们对你的店面在哪儿并不敏感。只要网上便于找到，交通比较方便的，他都会过去。所以说我们可以把店开在一个相对来说不那么贵的位置，这样一来，我们的成本便大大降下来了。

李骞：美乐乐的体验店与传统的家居店面相比，对店面人员的要求有哪些不同？

高扬：其实我们也想过到传统的家居卖场、家居商店去挖人，但是发现这些人适应不了美乐乐的体验店。虽然都是在开店，但做法不一样，我们需要的人才和传统店面有几个不同。第一个是说现在实体店的导购他们很清闲，因为他们一个星期也做不了几单，所以平时没事儿在那儿玩玩游戏，看看小说很舒服。而我们的店面工作人员是很忙的，从早到晚停不下来；第二点，传统实体店的导购，他们的技能其实很窄，因为产品的品类很窄，比如说卖沙发的对沙发懂得多，卖床的对床懂得多，但对整体家居产品不全懂。而美乐乐的体验店是全品类，对于我们来说店员要学习很多不同产品的知识；还有，也是最重要的一点是传统店面的那些导购，他们的能力更多体现在怎么去看人，还价，这个是他们的最大的能力，他们会根据你的穿衣装扮进行销售攻略，这个人穿得好一定卖个高价，这个人看起来不是太有钱的人，可能价格就要低一点，所以说它的价格是不一定的，他要根据客人去套，尽量卖一个高价出来的。而我们是不一样的，我们价格是完全透明的，店员只要把不同的家具给客人讲明白，客人买不买是没有任何讨价还价的余地的。

第三节　渠道优化整合，齐家网借力实践 O2O

提起齐家网，很多业内人士第一时间给出的印象是"齐家是以团购起家的"、"齐家网是做团购的"、"齐家团购做得很牛"……总之，离不开"团购"这个标签。

为什么齐家网给业内人士留下的影响还停留在团购这一概念呢？在建材这一特殊行业中，真正"触电"是很晚的事。即使触电，又没有多少企业真正"触电"成功。所以，很多业内人士对齐家网的模式仍旧停留在团购的概念上就很自然了。

"首先，我申明一点，现在很多媒体，包括有很多所谓的专家，他们说齐家网是做团购的，好像是走另外一种模式。其实团购在各行各业都有，它是一种市场促销工具。难道阿里巴巴的聚划算不是团购吗？大众点评、美团网不是团购吗？大家觉得齐家网做团购新鲜，其实哪儿新鲜了？这可能是源于齐家网在这方面做得成功，大家形成了思维定势。"谈到该问题，齐家网高级副总裁毛新勇这样说。

的确，2005年成立的齐家网在诞生之初是靠团购逐渐打开建材市场的。彼时，电子商务还未大规模兴起，通过电子商务做建材行业更是凤毛麟角。这时的齐家网通过在网上召集网友，在线下集体向商家砍价。这种商业模式好处多多，建材卖家薄利多销，消费者得到优惠，而齐家网则通过线下团购活动收取商家交易佣金，可谓是交易三方都获利。这种模式在当时显然是一种提升建材行业交易效率的先进模式。

经过这么多年的发展，齐家网已不再是团购那么简单，仅仅靠团购也难以适应未来建材家居市场的发展。打开齐家网的主页面，你会发现，目前齐家网形成了以装修、建材、家居为主的三大业务类型。同时，商城、团购、互联网线下体验馆已经成为齐家 O2O 战略发展的三大引擎。

齐家网的转型说明，在新型的互联网发展形势下，如何从线上平台获取更多的消费者流量，成为很多建材家居企业关心的问题。但对于家居建材来说，仅仅有线上平台是远远不够的，因为线上网站即便获得流量，也无法承载测量、设计、看样、仓储物流及大额支付等功能。所以，齐家网利用在线下开体验中心的方式提升流量转化率。

如果仅仅是在线下开店，岂不是与过去的卖场殊途同归，要知道，国内的家居卖场早就大量过剩，生存得很艰难，甚至有很多卖场因竞争激烈和经营不善频频关店。

对此，齐家网有着清醒的认识。目前中国规模以上的家居卖场有4千万平方米，至少有50%是过剩的。

"在这种形势下，齐家网很有先见之明的，在核心的一二线城市，通过自建线下体验馆的方式去把控供应链、服务链和价格。同时在三四线城市与传统的卖场合作，通过O2O的思路去跟他们合作，然后建立一个合理的利益分配机制去改造它的卖场。齐家的线下卖场不同于传统卖场，它是用户的主场，是互联网的门店化。如果我们把PC、手机、PAD都作为屏幕来看，那么卖场同样是另外一个屏幕，它可以使用户在教育、体验和交易方面融为一体。"目前，齐家网在上海、苏州、无锡、南京、长沙、武汉、成都、重庆、深圳、昆明、西安、胶州、苏州、乌鲁木齐等20多个城市都建立了这样的体验中心。

可见，齐家网发展线下，并不是像过去的商业地产单纯拿地，而是为了让过剩的商业地产能够重新焕发商机。当然，以齐家网目前的体量，还不可能去改变所有的中国4千万平方米建材家居卖场，但这种改变本身就了不起。

"我们可能只会改变一两百万平方米，但我们希望这一两百万平方米会成为未来中国建材家居这个行业在线下最具代表性的O2O门店的示范基地，然后其他的传统卖场也能够像齐家网学习。"毛新勇这样说。

齐家网目前的战略是做300个卖场，也就说，相当于每一个卖场1万平方米，齐家网只能改造300万平方米，300万平方米占家居卖场4千万的话，还占不到 10% 的份额。但恰恰是这不到 10% 的改造，也许会像鲶鱼效应一般将中国的卖场激活。而这 10% 的建材家居 O2O 卖场产生的交易量，会是传统卖场的 5~10 倍以上。

从这个意义上说，齐家网无疑是用 O2O 思维改造传统行业的先行者。正如毛新勇所言，"中国的家居建材卖场不能再盲目发展了，在这个阶段大家不得不重新调整卖场的定位，而齐家网为这种定位开创了一种新方向。"

对于齐家网，美乐乐的渠道电商化转型，目前还只是刚刚开始，在他们向线下走的过程中，他们将遭遇线下卖场电商化过程中的狙击，这注定是一场惨烈而持久的战争，数年后这些企业的发展成果，其此消彼长的江湖地位，将决定于今天他们的打法是否提高了效率，是否提高了速度，是否具有足够的韧性，总之，七大支柱一个都不能少。

对 话

与齐家网副总裁毛新勇对话

李骞：在互联网时代，很多商家和企业都寄望于从线上平台获取流量，齐家网从成立之初也是基于线上，所以有很好的经验。您对线上平台获取流量怎么看？

毛新勇：如何从线上获取流量，确实是很多家居企业最关心的问题。在这几年的触电过程中也确实遇到了很多问题，尤其是对单个的品牌企业来说，比如说顾家，或者惠达卫浴，让他们自建平台，从自己的平台上获取流量力不从心，所以对于品牌企业来讲，从线上获取流量最简单最直接的方法就是他们找一个流量可靠的平台，比如说天猫。我以前经常提起一个开车的理论，如果自己会开车，那么就可以自己开，如果自己还没学会怎么开车，那么就要先坐公交车。目前，除了天猫外，大家对其他的家居电商平台评价也不错，但这只是基于它在线上获取流量的能力，如果再出现有些平台同样能够从搜索引擎或者是从其他来源获取比较好的流量，那么这些企业也会投奔其他平台。

李骞：是的，线上只是作为一个平台，但这个平台可能是未来的趋势，也是如何更好地获得客户流量的入口，您是怎么看家居行业 O2O 的前一个 O，即 Online？

毛新勇：我觉得 O2O 走来走去，其实是现在的 Online 跟过去的 Online 发生了变化或者变迁，这个地方的 online 不只是 PC，还包括手机，甚至包括我们的智能终端，智能终端包括以前的车载屏，包括我们家里的电视屏，甚至包括未来的冰箱上装的智能屏。上次我到台湾，我就看到他们的冰箱上霸气的显示屏，冰箱里放的鸡蛋、奶、水果、肉制品等食物都是通过条形码进去，冰箱会自动识别你这个水果什么时间采摘完毕，什么时间放入冰箱，它还有多少保质期，你什么时间再去订购。因为是无线上网，订购的时候会自动关联到一个电商网站。对此，我想到一个问题，如果冰箱的智能系统对接的电商网站不是 1 号店的话，那今天的 1 号店超市业务还怎么做？因为它只是在 PC 端移动端，未来的智能冰箱可能跟 1 号店一点关系都没有。

所以我们说不管是现在的小米盒子，还是乐视 TV，他们说要抢占客厅，是有一定道理的。对于我们家居行业，未来怎么抢占厨房，抢占客厅、抢占卫生间等等，这里有太多需要思考的问题，这个 Online 可能不是我们现在所想象的 Online，所以它给我们的挑战就是说我们未来的入口，我们如何去占据，或者说是如何去对接，这个是我们要扩充的一方面。

李骞：齐家网是很早就做网络团购的电商平台，现在也是家居行业电商化的一种模式，可以从齐家网的角度谈下您对 O2O 的看法吗？

毛新勇：首先，我申明一点，我觉得现在很多媒体，包括有很多所谓的专家，他们针对齐家网所发表的文章很不专业。他们说齐家网是做团购的，齐家网好像是走另外一种模式。齐家为什么做另外一种模式呢？我做的也是 O2O 啊，难道阿里巴巴不是在做团购的吗？天猫的聚划算不是在做团购吗？京东不是在做团购吗？团购只是营销的一种名称和词语而已，那恰好是齐家善于做这种营销，善于在线上和线下去做各种团购的活动。通过齐家 9 年的经验已经向业界证明，齐家这个平台是可以为企业带来用户的，可以带来订单的，可以带来销售额的，因为我们有营销和运营方面的优势，我们擅长做这一块。可能说齐家网是另一种模式是因为齐家网优惠，很久以前国外就在推优惠券，后来过了几年之后，我们国内也有很多团购，比如美团，现在觉得是齐家网新鲜，其实这哪儿新鲜了？只不过是一种销售模式。

李骞：对家居电商而言，线下体验店怎么做才最优？

毛新勇：500㎡ 也好，1000㎡ 也好，装修的很漂亮，但他们在体验店的建设上没有对用户的行为理解，所以为什么我们今天讨论宜家的互联网思维，虽然宜家现在没有在做电商，但是它今天照样能够成为我们行业中谁都要去学习的样板。你认为宜家没有做互联网，它来自于互联网 上的流量就少吗？不少。大量的互联网人群还是趋之若鹜去宜家购物。

李骞：对，是这样。刚才毛总讲到宜家，说明了好的模式就是让消费者的决策过程更优、效率更高，互联网也确实也带来这种效率。但要提高这种效率，离不开线下体验店，齐家网而言，线下是如何规划的？

毛新勇：这个问题其实是很多政府领导关心的问题，这几年国家产能过剩是一个很大的问题。这其中就包括商业地产的过剩。目前我国规模以上的卖场有4千万平方米，按国家标准，每一万平方米对应的是一个亿的销售，这就是4万亿。但实际上，我们只有2万亿的市场份额，也就是说我们建材家居卖场至少有50%是过剩的。在这种形势下，齐家网是很有先见之明的，我们其实是在三四线城市与传统的卖场合作，就是我们会通过齐家网的O2O的思路去跟他们合作，然后建立一个合理的利益分配机制去改造它的卖场。比如说我们现在在江苏的苏州、青岛的交州，浙江的台州，还有新疆的乌鲁木齐，等等，很多的城市都在加盟齐家网。

李骞：也就是说齐家网在线下并不拿地，只是采取合作的方式，帮助传统的商业地产进行升级、改造？

毛新勇：是的，齐家网发展线下，并不是像过去的商业地产拿地。我们是为了让那些过剩的商业地产能够重新焕发商机。当然我们不可能去改变所有的，比如说中国有4千万平方米建材家居卖场，我们可能只会改变一两百万平方米，但我们希望这一两百万平方米会成为未来中国建材家居这个行业在线下最具代表性的O2O门店的示范基地，然后其他的传统卖场也能够像齐家网学习。当然这个行业就像我刚才说的，可能4千万平方米我们只能够帮助和解决一两百平方米，比如说我们齐家战略是做300个卖场，每一个卖场1万平方米我只能解决300万平方米，300万平方米占家居卖场4千万的话，还占不到10%左右，剩下的90%左右怎么办呢？可能这些商业地产自己会去考虑，当然我觉得现在商业地产也在考虑走向生活类的卖场，因为他们可能也在转移，因为中国的商业地产不可能再盲发展了，在这个阶段大家不得不开始重新调整商业地产的定位。

02O

第四章

线下虽难上
但不上不行

认清本质，协调融合

　　传统家居企业要成功实践 O2O 模式，关键在线上。核心问题是，如何上线。纵观传统家居品牌行业，鲜有成功上线者。

　　难道在天猫上活跃的知名家居企业不是在线上吗？在天猫平台上，他们不仅有影响，也有不菲的销量。但是这个虽算电商，却还不算是 O2O 模式的线上，因为这个线上和线下基本是割裂的，企业一般把天猫平台当成一个渠道，这个渠道就跟多进一家卖场没有太大差异，是企业希望实现的增量平台，也当成清理库存的重要通道，还是一个重要的营销平台，整个产业基本如此看待天猫。

　　如果只是这样，家居产业的电商化就是用高速路跑现代马车，无疑成本高，效果差，这就是为什么现在众多家居企业做电商，鲜有盈利者，看来，线下家居企业要实现 O2O，首先就要重新认识电商，认清线上的本质到底是什么，最终实现线上线下协同融合，企业不再讨论 O2O，不再讨论电商，因为企业已经全部互联网化，剩下的仅是企业带给消费者更高效率和更方便的用户体验。

第一节　没有传统的企业，只有传统的思想

要么被革命，要么自我革命

在阿里巴巴与海尔合作的过程中，马云拜访了海尔集团总裁张瑞敏，马云在与张瑞敏对话时说，"世界上没有传统的企业，只有传统的思想。"为什么这么说呢？我们来看看海尔，海尔算是传统企业的领军者，但当电子商务大潮来袭之际，我们看到的海尔已经不再是一家传统企业，而是全面改革内部管理系统，以崭新面貌来迎接互联网时代的海尔。所以，如果大如海尔都能做到变革，那么中国其它传统的制造企业又有什么理由不改变呢？因为要么被革命，要么自我革命。

对于传统家居企业而言，自我革命困难吗？

要做出改变必然也要遭受剧烈的阵痛，就像是关公刮骨疗伤。中了毒箭，毒液渗进骨头，必须要将骨头中的毒液用刀刮去才可能保命。今天的很多企业，已经像关羽一样中了毒箭，只不过这支毒箭是思想上的固化和行动上的停滞。要剔除顾忌，就必然会带来痛苦，就如在前面讲到的，没有对未来信念的支撑，就没有改变的勇气。所以传统的家居企业要适应电商化、互联网化，对自己的改变就要像关羽那样刮骨疗伤，固然疼痛，但能根除。

如果企业不去变革自己，将来被外界或者同行的领先者打败是非常容易

的事。 几年前，很难想象到会有美乐乐这样的企业，在三五年之内从一个淘品牌成长为20亿营收的家居电商企业。通观整个家居行业的企业规模，20亿规模可以排行前20位了。而在过去，一个家居企业要干到20亿，需要企业付出多少时间和精力。所以，互联网时代的快速更迭，随时随地出现的颠覆者，让企业守成变成了一件非常困难的事情。

想守成是守不住的

守成肯定不是好办法，在这个商业环境剧变的时代里，守是守不住的。家居行业中的很多传统企业，在新事物来临之际，惯性思维很难转变过来。而人都有一种习惯，越恐惧的时候越把自己的内心封闭起来，犹如鸵鸟一样，危险来临时会把头埋进沙堆里。实际上鸵鸟政策在这时候是不可取的，屁股都露出来了，其他猎物自然要攻击它。

既然守成无望，就要转变思路。对于家居行业而言，当你对互联网趋势和电商化还不是很理解、甚至有一点恐惧的时候，其实只要回想当初创业时候那种一穷二白、白手起家的状态，这种恐惧就会减少。张瑞敏曾言，"为什么会有百年企业呢？是因为他们都在自杀和他杀当中选择了自杀，都是自杀了若干次之后才能成为百年企业，否则早被他杀了。"所以，就像熵定律这个规律一样，万事万物没有不灭的，想要延续的方式就是要么自我颠覆，要么自我变革。

第二节　线下竞争力是传统家居企业 O2O 的基石

适度挑战

著名历史学家阿诺德·汤因比在其鸿篇巨著《历史研究》中不断强调挑战和应对的相互作用。一个文明，如果在挑战面前不能有效应对，面临的将是文明的衰落，而如果能够有效应对，其文明将上升到更高一个层次。一个文明如此，一个国家如此，一个企业也是如此。今天传统品牌企业面临前所未有的挑战，这个挑战来自互联网时代的挑战，能否有效应对这一挑战，决定企业未来是衰落还是上升。

在《历史研究》中，汤因比强调，要使挑战能激起成功的应战，挑战必须适度，挑战超出了应战的能力，也会被压垮。这条准则同样适用于企业，一个企业能否应对挑战，还受其自身能力的限制，如果对自身能力没有清晰的预判而挑战超过能力的事，也会导致其失败。

就企业而言，未来的战略规划一定是与其能力匹配，这种能力不仅是现在的能力，也指未来的能力。人们总是高估现在的能力，低估未来的能力。如果做 O2O 是企业未来的一个战略选择，那么也一定要对自身能力有所了解再去选择，同时基于未来能力的判断去做挑战。自身能力源于什么地方呢？源于未来战略选择上对自身优势的清醒认识。

相对于纯电商企业，传统家居品牌企业在电商时代具备什么优势呢？优势是变革的基础。

如果要做O2O模式，少不了线下的O，线下的O就是企业的渠道资产，实践O2O少不了的体验终端和成交终端。而这些终端，少则数百，多则数千，是很多品牌企业花费数年甚至几十年时间，花费数千万，几亿甚至几十亿资本完成的。这些终端背后的服务体系和经营者对当地市场的理解，是线上企业根本无法替代，短时间内无法建成的。

在家居行业，天猫类似爱蜂巢的线下体验尝试已经终止。如果天猫要满足消费者的体验，只会另行思考出路，目前就仅有美乐乐和齐家网在进行线下体验店的布局了。何况齐家网和美乐乐的布局，还是作为渠道电商的布局，他们的竞争对手不是品牌商而是诸如红星、居然这样的渠道商。而其他纯家居电商企业如林氏木业，还没有看到踏出线下建设体验店的迹象，类似林氏木业这样的纯电商家居企业，数量并不是很多，也不是家居产业的主流。

这样看来，竞争形势应该骤然明朗。

品牌企业间的竞争

品牌家居企业的竞争不是品牌跟渠道电商企业的竞争，仍然是品牌与品牌的竞争。不管这些品牌是线上品牌还是线下品牌，但更主要的还是线下品牌。原来所谓的电商，更多是品牌企业的电商部门所开展的电子商务销售。

当然，渠道和品牌之间虽然不是竞争，但不等于没有矛盾，那是另外一个话题。因此，家居企业的电商恐慌完全没有必要，原来的电商恐惧完全是杯弓蛇影，是类似天猫这样的电商平台的恐吓式营销所致。

最近几年，家居厂商都感觉生意难做了：工厂破产，卖场关门，代理商转行……很多人把这个情况归结于电商的侵蚀和竞争，好像传统行业不行了，都拜电商所致。是这样的吗?

其实,这个情况跟电商没有太大关系。我们不妨大胆做一个假设,如果没有电子商务,没有互联网,今天的生意好做吗?生意好不好做与很多因素相关,其中重要的两种分别是供给和需求,就是市场容量够不够大,竞争够不够激烈。市场容量大,消费需求就大,企业发展的空间就够大。但光是市场容量的大小决定不了竞争激烈程度的大小,还得考虑参与竞争的企业数量的多少。

在今天的家居产业市场,何尝不是这种情况呢?消费需求是有限的,经过多年的高速增长,市场增幅已经大幅回落。而参与竞争的企业实在太多,光是家具企业,全国都有大大小小数万家,竞争的惨烈自然可以想象。所以今天生意难做,主要是市场需求的疲软和产能过剩后竞争加剧的结果。

既然如此,企业为什么还要尝试 O2O 电商,实现互联网化?做好线下不就好了吗?

关键的问题是,为什么在同样的情况下,每家企业的生存状况差异颇大呢,有的逆势增长,有的落入地狱?

如果说思考清楚了今天实体品牌企业生意难做的主要原因,我们就能找准企业竞争的方向所在。如果找到了互联网、电子商务的本质,面对互联网化,面对电子商务来袭时就可以很淡定,可以思考清楚互联网,思考清楚 O2O 对企业意味着什么,知道如何利用互联网改造企业,提升竞争力,在残酷竞争中脱颖而出。

获胜的密码就是在有限的市场容量中,如何利用互联网提升企业竞争力,获得更多的市场份额,这是在不违背市场规则的情况下实施丛林法则。

产品、品牌与用户体验

我们先来看企业自身，也可以认为是线下，主要从三个方面来分析，品牌、产品与用户体验。

在电商刚刚兴起和发展的时候，正是大量所谓的"屌丝群体"支撑了互联网电商经济。可以问问身边的同事、朋友或家人，为什么会选择在电商购物，他们的第一回答肯定是，"网上便宜呗"。但是今天，当年的屌丝群体已经慢慢变得高大上了，除了对个性化的追求，产品的品质、品牌、体验等要素在购买决策中变得越来越重要。电商流量费越来越贵，有的企业产品流量费已经占到了产品售价的60%，所以未来产品的价格，不是线上比线下便宜，起码是一体同价。

一旦企业适应了电商当初狂飙突进的状态，就会发现，传统的企业品牌依然是有力量的，甚至比过去的品牌影响还强，在信息无限丰富，选择困难的时代，品牌产品依然是可靠的保证。在《纽约客》有篇文章引起了营销界的热烈讨论，题目是《品牌忠诚度已死》，阐述在电商时代背景下，消费者都是靠对产品的大众评价去选择产品，所以在电商时代品牌对于消费者的影响将越来越弱。由此该作者推导出一个著名的观点：品牌无用论。

然而这位作者忽视了品牌的另一层含义，品牌除了像诺贝尔奖得主、著名经济学家科斯所讲的，具有降低企业交易成本的价值外，还有一个非常重要的价值，就是"消费者偏爱"。因为对历史悠久的品牌企业来讲，产品会更加追求品质与完美。就像是同仁堂，几百年的中药老字号，"炮制虽繁却不敢省人工，品位虽贵却不敢减物力。"正是这些历史积淀下来的品牌价值，消费者不用思考，就愿意选择同仁堂。

改革开放后，经济快速发展，前半段时间，产品只要生产出来，只要通过打广告，就能达到扩大销量的目的。很多企业在打造品牌，但其品牌却远离了其产品品质的支撑。但是，如今互联网的发展让信息更加透明，"产品为王"的时代正在逐渐回归，那些高品质的产品正在获得更多的青睐，比如格力的空调，顾家的家居，惠达的卫浴等等。过去具备产品优势、品牌优势的企业，经过变革，在互联网时代仍旧可以延续价值。

除了产品和品牌的优势外，用户购买家居产品需要进行线下体验，传统品牌家居企业花钱花时间建立的成百上千终端就变得非常重要了，还有长期以来建立的安装、售后服务，都是线上企业短期内难以取代的。所以，传统品牌企业在未来实践 O2O 模式，最终完成企业互联网化的过程中，并非互联网企业认为的一无是处，而是有非常重要的价值。

传统品牌家居企业的这些重要价值，当然不是指在前互联网时代的产品、品牌以及渠道价值，必须是以互联网为基础进行变革，将整个企业融入到互联网中，用互联网的思维、工具来改造传统品牌企业，提升在互联网时代的品牌价值，产品价值，以及优化的体验中心。

由于品牌家居企业的核心都是在线下，资产很重，而行业的发展又证实了线下具有重要价值，这应该给予传统品牌家居企业的互联网变革信心。

2014年的7月15日，索菲亚家居股份有限公司发布2014年上半年财报，上半年索菲亚营收约8.47亿元，比上年同期增长34.125%，实现净利润9574.23万元，同比增长28.13%。在行业众多企业愁云惨淡时，索菲亚仍然能大幅增长。在增长的原因中，有订单增加，客单价增加，品类增加，在线下渠道体系的建设上，索菲亚采取了一个城市一个经销商的扁平化模式发展。线上电商的意图，是缩短中间环节，如果品牌企业在线下也采取诸如索菲亚的扁平化方式呢，效率一样可以提升。一些大的代理商如京、津、沪代理商甚至也开设了自己的区域化线上平台。这个线上平台就是一个流量导入平台，是一个信息平台，成交都是在线下，这为很多传统品牌家居企业电商化提供了重要参考。

　　因为目前家居企业的主流竞争仍然是传统品牌企业之间的竞争，每一家企业如何利用互联网提升企业整体效率，特别是优先提升线下资产运营的效率，将会是争胜的关键。在市场红海大战中，将会有部分企业加速发展，部分企业被淘汰出局。

对 话

电商的本源是顾客思维（与惠达卫浴董事副总裁杜国锋的对话）

李骞：有些传统行业，比如建材行业，整体开展电子商务业务很晚，甚至到目前，有很多企业还没有进入这一业务形态，惠达是什么时候开始尝试电子商务的？

杜国锋：首先我认为进入电子商务没有早晚之别，因为电商本身还在不断的发展完善，没有定型：从阿里巴巴最开始的 B2B 业务，到淘宝的 C2C 业务，然后发展到 B2C，以及现在正热烈讨论的 O2O 模式，这个行业一方面在挑战传统，一方面也在不断改变。惠达从 2009 年开始尝识进入电子商务，现在已经设有专门运营电商的部门，采取独立运营的方式。

李骞：目前惠达的电子商务业务模式是利用现有公共平台开展电商，还是自建电商平台？如果没有自建电商平台，未来会考虑吗？

杜国锋：惠达现在主要通过成熟平台来做，没有自建电商平台。我个人认为也似乎没有这个必要，就如同传统渠道，有居然之家、红星美凯龙等连锁卖场和大量的专业市场，我们也不需要自己开拓市场才能经营。成熟平台有流量、有客户口碑和成熟的管理模式，我们的重点还是放在销售推广和服务上。

李骞：假如未来惠达的电商比重越来越大，将会对传统的线下提出挑战，惠达如何看这个问题？

杜国锋：产品从企业出来，到消费者的消费，对任何一个行业和企业而言，中间的流通环节都是巨大的挑战，流通环节过长、低效、高成本使企业和消费者都承受了很大的代价，甚至阻碍了市场的成长，最终体现在产品价值和消费者获得的真实价值严重偏离。形成的原因很复杂，包括产业链的分工和利益分配、信息渠道不通畅、商业信誉不健全等问题。电商的出现也未必能一揽子解决，但是至少提供了解决的技术手段和通道。

至于线上和线下的冲突，我个人认为O2O的理念已经解决，电商的本质不是在线上买东西，而是线上、线下混合并存的体验和交易才是根本，最终的方式取决于客户的选择，而不是企业的主观区隔。没有线上和线下之别，线上、线下只是提供给客户的两种不同的消费方式和互动空间，没有冲突可言。

李骞：建材作为安装型产品，最后一公里的物流和安装服务就变得特别重要，如果未来电商份额在惠达的比重越来越高，这个问题如何解决？

杜国锋：相对于快速消费品，建材家居行业的服务难度更高，电商时代线上拼的
是信息，线下拼的是服务。我大胆预测一下：电商或者推及整个互联网，
大数据领域，中国乃至全球将迎来更大规模、更彻底的产业分工，任何一
个企业都只能在一个链条上占有不多的环节，行业与行业之间的整合加
剧，物流、服务乃至研发、生产都将平台化，让多个行业、不同企业充分
共享，从而实现资源最大化利用和效率极大提升，使消费者的体验达到极
致。不管什么思维都要从线条式向平台化转变；不管什么战略，做精做强
是根本。对惠达而言，产品是核心，顾客是核心，做好自己最擅长的东
西，就是竞争力。

李骞：所谓的电商，表面上看，只不过是流通渠道的一种表现形式，但背后却是
商业逻辑的重塑，你认为传统企业应该具备一种什么样的新思维？

杜国锋：互联网思维和大数据对商业模式的革命是颠覆性的，因为它改变的是人
的消费行为，从而倒逼企业的经营模式。无论是小米还是海尔，所谓的
互联网思维其实是从传统的产品导向或者技术导向、渠道导向、品牌导向
真正回归到顾客导向，因为在互联网状态下，顾客真正拥有了选择甚至
是传播的资讯和工具，搜索、社区、朋友圈等等，企业唯一能做的不是主
导顾客，而是有幸被顾客主导，并有能力实现顾客的消费愿望。在互联网
思维和大数据的背景下，C2B 将成为商业模式的核心。

李骞：一方面，电商走的是一条上升曲线，传统代理体系走的是一条下降曲线，
作为经营者，如何兼顾线上和线下的平衡，如何兼顾短期经营压力和长期
的企业成长、商业模式优化问题？

杜国锋：如果把这个问题放在 O2O 环境下就不难理解，Online（线上）相当容易

解决，但 Offline(线下) 却不是一般企业能完整实现的。比如说惠达现在遍布各级市场的2000家终端，是经过近10年的沉淀和巨额的投入获得的，现在它是销售和服务渠道，本来它就是优质的线下体验和服务通道。只是在电商环境，对线下渠道的建设城要重新梳理和定位。

与顾家副总裁刘宏的对话

李骞：您是如何看待电子商务对家居行业影响的？

刘宏：家居触电相对来说比较晚一点，没有其他行业那么快，因为家居还是属于体量比较大的耐用消费品，首先商品属性不一样，这就决定了家居在选择购买上的模式是不一样的。就好像是小女生，她们可能对化妆品、服装的品牌琅琅上口，但对于一般的家具品牌则叫不出来。除非要结婚了，她可能考虑一下。一般的男士也是购置家具的时候才会关注它的消费模式，像我们沙发、软床也属于大件家具，其实回头用了两三年就忘了是哪一家的牌子。所以从这个角度来讲，家居触电没有其他的快消品那么早，其实也是最近几年的事情。

李骞：您对互联网时代电商对传统家居商业模式带来种种冲击是怎么理解的？

刘宏：说到模式，我认为电商不可能取代传统的商业模式，因为从中国的这个商业发展来看，它一共才经历了三个十年。现在的话相当于到了移动电商对平台电商的革命阶段，就好像当初超市对百货公司、小卖店的革命一样。其实做到今天，有些地方的百货仍然做得很好，好的便利连锁店仍然做得很好，只是商业形态变大了，是消费者跟商品接触的点，接触的机会，还有获取信息的这个手段和方式增加了。所以对顾家来讲，不是说有了电商，传统渠道就统统完蛋了，也不说我们固守传统渠道完全不去理睬电商，电商对已有商业模式只是一种补充，一种发展。

李骞：顾家在线上是怎么做的呢？

刘宏：线上我们主要还是在天猫这个平台上。我们将天猫看成是我们线下最大的一个商场，里面的产品五花八门的，因为它的人流量是很大的，它的店大，吸引客流的能力也很强，所以我们借助天猫这个平台开旗舰店，通过开旗舰店的同时，我们也在线下、在媒体上有一系列品牌的宣传行为，那么消费者在搜索和导航的时候他要挑选沙发，那肯定会搜索到顾家。我们认为，不管是线上还是线下，对品牌的建设是绕不过去的，并不是说有了线上，就可以省了品牌辨识，这是不可能的。因为这就是一个品牌的世界，国家有国家的品牌，社区有社区的品牌，人和圈子的属性在某种程度上也是一种品牌。最后我们都是品牌的奴隶，都是被品牌所统治，你最后变成普拉达的女王，还是变成阿玛尼的谁谁，基本上是品牌决定生活。

李骞：顾家线下有这么多门店，在未来O2O格局中有很强的线下优势，顾家将如何利用线下的优势来弥补线上的短版？

刘宏：其实不存在弥补短版的问题，我们所理解就是要把线下的门店做得更有价值，消费者进来以后他不单单只是体现在产品的价值，还有你服务的价值，还有品牌的价值。所以我们将线下需要做好的地方做好，那么反过来消费者就会有一个口碑。现在是一个自媒体时代，每个消费者都可以在朋友圈、微博、论坛发表自己的评论，可以把自己购买后的感受、体验发表上去。所以互联网也好，电商也好，它对我们是一个加分的过程，当然不好的评论就是一个减分的过程。所以我们讲O2O其实是把导航、搜索、朋友圈、生活圈，然后加上线下的体验紧密结合在一起。特别是对我们家具来讲，一般的快消品可能不需要这些体验，快速就好，但对家居而言，我们线下越完善，消费者才会越喜欢，我们不会让消费者在网上看得好好，而到店面来体验却产生了巨大的心理落差。

第三节　酷漫居的 O2O 进化

在我决定写一本关于家居产业 O2O 变革的书时，我就一直想寻找一家传统家居企业互联网进化的案例，希望这个企业是进化得较为成功的，比较彻底的，具有示范意义的。放眼望去，全国数万家家居企业，对电商，对互联网迷茫者居多。

有这样的企业存在吗？电子商务大热多年，产业互联网化正深刻地影响许多传统行业的改变，这种思潮在马云与王健林，雷军与董明珠的赌约中达到了几乎全民狂欢。但在家居行业，一个字，难！

我找到了酷漫居。根据观察、了解并与创始人访谈后，我确认这是除了海尔成功转型为新的互联网化的企业外，酷漫居应该是一个中小型传统企业互联化进化的标杆。对于一个数万亿级别的家居行业市场，一个全行业还处于互联网焦虑的时候，一个以传统渠道模式生存的儿童家居企业成功转型O2O 模式，还是很有行业启发意义。

我们先来看看酷漫居互联网进化的时间轴：

2008 年前，主业为办公家具，已经发展出过亿产值，要转型，难！

2008 年，转型做动漫儿童家具，以传统加盟方式开线下实体店，一度达到令很多企业艳羡的300家门店。

2010年，得到鼎鑫资本6000万元投资，转型"动漫＋资本＋电子商务＋线下渠道"电子商务模式，难！

2012年6月，酷漫居官方商城上线，其电商平台基本搭建完毕。为了减少线下开支，全力投入电商，创始人竟然狠心砍掉了刚刚布局好的近200家门店，清退那些无法认同酷漫居互联网逻辑的经销商，将线下门店从顶峰时的300家迅速精简至80家，难！

2013年10月，酷漫居迎来了5周岁生日的一份大礼——来自投资机构天图创投的1亿元注资，重启线下店的扩张，并拟在3年内"占领"国内所有地级市。截至2013年底，已经超过120家，并且还在持续扩张中。

在2014年东莞家具展后，我专程去拜访了酷漫居创始人杨涛，在与他2小时的交流中，除却他本身富有传奇色彩的人生故事和跌宕起伏的创业经历外，我更感兴趣的是他如何从一个非常传统的动漫儿童家具企业向互联网化的企业转型的，我在与他的交谈中找到了答案：

对趋势极清晰的认知

作为一家传统的家具公司，当酷漫居拿到第一轮资金时，就按照传统的模式开始招商，希望更快的拓展渠道。但在招商的过程中，杨涛觉得不对。"我比较喜欢站在用户体验的角度考虑问题，现在正当适婚年龄的姑娘，不会用传统的父兄辈的思路去购买产品，她们是生活在互联网世界里的。消费者的思想发生变化后，如果我们还是用传统的渠道跟进，这条路是不是就走错了？"杨涛说。

2011年，家具行业里泛滥所谓"寒流"，卖场里没人，生意不好做。而媒体则在热烈讨论未来家具的方向在互联网上，杨涛当时觉得这是对的，认为传统的线下渠道看不到明天的希望，因为消费者不站在这一边。那么，如何变革传统渠道呢？

确定了 O2O 的运作模式

就是对线下体验店进行互联网化，在利用一些平台电商的同时，建立酷漫居自己的线上商城。在整个家居产业离互联网化，离 O2O 电商模式都还很遥远的时候，杨涛要坚决去实现 O2O 整体一站式的商业模式发展，作为已经拥有300家店面的企业，这是一个极大的冒险行为。

在这个线上线下一体化的过程中，大量传统代理商表示反对。这个模式对传统的经销商模式肯定会产生很大冲击，他们觉得酷漫居砸了他们的饭碗，网络跟地面的价格统一的话，经销商的毛利将会大幅度削减，原来看似是暴利行业，现在似乎变成只能赚辛苦钱。很显然，经销商的思维并没有随着酷漫居的思维转化而转化。

当时酷漫居的情况是，经销商还是他们赖以生存的基础。在代理商看来，变革是求生呢，还是求死呢，存在巨大的不确定性。并且代理商原来的成本结构方式，显然不能匹配 O2O 模式的发展，如果按照新的模式发展，必须提高效率，提高销量，来弥补单价不足，也就是弥补单个产品毛利不多的情况。

在生存与死亡的选择面前，究竟是顺应经销商的想法，还是顺应消费者的未来，是自己的命自己革，还是等到别人来杀你呢？杨涛当时的想法是，"我当时觉得如果是要死，早死早超生。不占领互联网的先机，就不能占据移动互联网的先机，表面上你现在生存得还不错，但是过两年一洗牌就没你的地位了。"

杨涛为我模拟描述了消费者的购物路径，消费者到一个地方去了解情况的时候，他往往不会只去一个店面，这一楼层的几个店面全部都要看，他会发现不同品牌的产品为什么会有这么大的价格差异。这个时候，导购人员很清晰的告诉他，这没有暴利，我们是一家互联网公司体验店，店网同价，打开电脑价格是一样的。这个时候的消费者自然是心明眼亮，提高了决策购买的效率，也让更多的家长选择酷漫居儿童家居产品。

杨涛抱着这是最后的市场机会的决心，坚定不移的走了互联网化的路径，把线上线下整体当成一盘棋来考虑。酷漫居当时在儿童家具品类网上销售第一，但线下不是，最多也就排到第五、六名的位置。杨涛认为，全面互联网化不一定是件坏事，也许是弯道超车最好的时机。

代理商互联网化，重建利益格局

2013年，酷漫居自建 B2C 商城的收入近千万元，所有购买需求均导向线下门店，在线下完成购买。在天猫儿童家居品类，酷漫居已经是第一，甚至是后数名儿童家居企业销量的总和。随着酷漫居在线销售数量的攀升，线下门店体系的构建重新成为重中之重。

"未来3年线下经销商会铺遍地级城市，"杨涛说。在互联网化的酷漫居体系中，经销商不再分为一级、二级、三级……而是统一的级别，以实现店、网同价。同时，为了提高经销商的毛利，酷漫居以上游制造商的出厂价为代理商提供家具，只通过加盟费和管理服务费的分账来从代理商处获得收入。

而在收入分成中，经销商比例高于酷漫居总部。

"外表一样（都是代理和门店），运营结构和体系并不相同。"杨涛说，"我们是互联网的方式。"

在这一场利润再分配的变革里，杨涛认为 O2O 模式挤压的不是厂商，而是代理商的暴利思想。在中国的电子商务进程上，在无数的行业都验证了这个过程。家具行业也势必如此，阵痛是迟早的。

"很多人在电商这个问题上纠结，其实不管线上还是线下，它一定都是个销售通路。电商省去了一些中间环节，性价比回归。难的不是产品，不是操作模式，也不是渠道，难的是我们心里的坎儿。"家具企业老板要经历的，杨涛用更激烈的方式都经历过了。

酷漫居的互联网进化采取的是类似休克疗法，通过激进的手段对终端和企业进行强制互联网化，不惜牺牲短期的业绩。建立原来缺失的线上能力，从而打通线上线下。它的线上不仅包括自己的官方商城，同时还有第三方电商平台。

这只是 O2O 的初步阶段，酷漫居的 O2O 探索才刚刚开始。O2O 商业模型中电子商务部门的职能在发生革命性变化。很多公司最早的电商部门是一个新渠道的销售部门，而在 O2O 的场景中电子商务部门会成为整个公司的一个战略性的部门，将统领全国数据、产品、服务乃至于统领所有的整个供应链。

在参观酷漫居的办公环境和体验店的过程中，我也到处看到了日本经营之圣稻盛和夫思想的影子，在本书第二章论述 O2O 的七大支柱中，我特意强调了信念和持续，这都是稻盛和夫经营哲学的重要思想。因为在这样一场大变革面前，商业模式重要，内心的信念更重要。这可以用稻盛和夫的两句话来表达：思考未来要到彩色的程度，付出不亚于任何人的努力。

当然酷漫居的激进变革，不是每一个传统企业都能学的，这种方式不适合绝大部分企业。作为一家受风投投资和追捧的企业，除了创始人的勇气和坚决变革的决心，酷漫居的底气来源于银行账户的家底。因为资本不在于一城一池的的得失，而在于是否为未来的成功打下基础。大部分传统品牌企业，本来经营就捉襟见肘，更是会经不起大规模的折腾，当然，这不是不变革的借口，而是要找到最合理的方式，找准了药方，下点猛药也无妨。

对 话

与酷漫居创始人杨涛的对话

李骞：酷漫居是什么时候开始试水电商的？当时是基于怎样的考虑？

杨涛：我们是在2011年试水电商。当时整个家居行业进入了所谓的寒冬期，整个行业弥漫着消极的气氛，卖场里面变得冷清多了，大家都说生意越来越难做。而互联网、电商的概念，当时很多媒体很多论坛都在讲，但没有几家家居企业开始做。但我当时就认这个理，觉得未来家居的发展方向在互联网上。因为在未来，如果还按照目前这种传统的线下渠道走下去的话，都不知道你的明天在什么地方？因为明天可能消费者不在你这边了。比如说，你现在绝对与你父辈的购买习惯不一样，未来消费者也是，他们一定具有互联网思维，所以未来消费者发生变化以后，如果我们还是用传统的渠道跟进，那么是不是这条路就走错了呢？当时我们在这个问题上很纠结，但纠结了不多久，就开始试水。

李骞：酷漫居在刚刚试水电商的时候遇到了那些问题？

杨涛：酷漫居在2011年开始在天猫上运营，但我们输得一塌糊涂。当时想得太简单了，我们刚上去的第一天就卖了100多万，当时蛮高兴，觉得这是一个很好的生意。但稍后几天就傻眼了。退货，差评、反馈，消费者的批评和不满滚滚而来。为什么呢？因为商品完全不符合消费者的想法。比如说我们原来家具交货30天都算是正常的，甚至40几天，还有各种理由可以拖一拖，消费者也都认了。但互联网上的消费者完全不是，他们更要求"快"。而且采取的包装也不适合这种运输，售后服务也有问题，运到顾客手上，顾客安装不了。地面的安装服务，经销商也不配合。所以乱成了一锅粥。我当时就觉得还不如不做这种生意。但是我这个人的性格比较执着。我认为一天能卖100万，就意味着这个路径是对的。这个消费者的路径在将来是大势所趋。不是消费者错了，而是我们错了。因为我们不懂消费者，不懂互联网。

李骞：初试新事物难免会出错，那么您是如何对酷漫居进行改造以适应互联网发展呢？

杨涛：我认为，如果决心在互联网时代生存、发展，就不能按照传统企业的思维去想问题。必须将自己跟互联网做一个深度的吻合。所以当这个决心在内部确立了以后，就得到了投资人的大力支持。投资人说，我们投资，并不要求酷漫居马上兑现业绩，是要酷漫居把这个基础打好，做好转型。所以当时我们坚定了信心，从产品研发、包装、运输、安装、售后上对酷漫居进行重新改造，从各个方面把它设计成互联网消费者喜欢的产品。

李骞：这种互联网的改造，跟传统的原来的方式相比的话，哪些方面获得了质的飞跃？对酷漫居，这种质变有没有引起量变？

杨涛：首先是思维上的变化。原来的思维是，我做什么，我卖什么。而现在是顾客需要什么，顾客的感受是什么，我才能做什么、卖什么。所以，从整个营销的根本来讲，以消费者为中心是根本性的、质的变化。所以，为了更好地与互联网上的消费者进行对接，为了在2012年3月15日获得消费者对酷漫居的认可，我们足足花了差不多将近4个月的时间，包括春节都没休息，才完成了改造。产品上线后，我们第一个月就卖了400万，到8月份的时候，已经过1000万，到了双十一，我们卖了2000万，可以说由质变引起量变。在淘宝整个家居板块中我们是排在第五位，但在儿童家居这一个细分品类中，我们已经做到了第一。在这个过程中，因为整个供应链体系的完善，前期的准备比较充分，所以酷漫居发生了深度的变革。以往让我们头疼的退货问题也逐渐减小了，大概的退货率在3%~4%之间，这在行业里面已经是非常低了。

李骞：在天猫这个平台上，单品类做到第一后，有没有想过要建立自己的线上平台？

杨涛：在2013年的双十一，酷漫居卖了2800万，在儿童家居这个细分市场，第二名到第十名的总和加起来都比不上。所以可以这么讲，酷漫居通过天猫这个平台具备了一定的互联网电商水平，也深刻认识到了互联网消费者的这种需求。所以，我们也开始自己搭建自己的官方商城。当时我们想得很清楚，主要是希望通过这种导流，能够给线下的门店提供更多的消费者。所以开了这个商城以后，我们的态度就明确了，我们从网络向地面引流，在地面给用户体验，我们在所有的线上和线下都做到同产品，同价格，同体验，同服务，打造整个O2O的闭环。

李骞：O2O 闭环的实现，为酷漫居的未来的定位提供了那些方向？

杨涛：我们希望通过 O2O 的实现，让消费者能够在互联网上很容易的找到酷漫居，可以在网上通过比较了解到我们的产品。喜欢动漫的消费者，可以到地面去体验，去看产品的质量、产品的环保性能以及体验酷漫居的服务。然后决定购买的话，可以在网上成交，也可以在线下成交。所以这个商业模式与以往的商业模式完全不同，酷漫居从传统的儿童家具公司变成了儿童家具跟动漫结合的公司，变成了一个文化创意产业的互联网公司，所以整个思维都变了，我们不再是一家笨重的传统家居企业，而是一家新型的文化创业公司。

第四节　大企业如何实现 O2O 进化

O2O 模式的出现，已经说明线下和线上在未来不是"有我无你"的关系，而是"共荣共生"的关系。对于传统的线下巨头来说，这场产业互联网化竞争的胜负将决定其未来是否还有一席之地。

那么，对于传统的大型品牌家居企业，未来如何走好其 O2O 电商之路呢？

利用好现有的大型电商平台

O2O 模式固然很好，但是对很多大型企业而言，还没有完全做好准备进入 O2O 模式。一是终端没有互联网化，二是线上进入的都是第三方平台，无法与线下进行融合。

如何利用第三方电商平台？要基于企业未来发展的考虑，不能把它当成一个销售渠道，而是要当成线下渠道互动的线上平台来思考，最终实现企业的

O2O 电商化目标。根据这一思考，选择合适的第三方电商平台，未必适合。

目前公共电商平台不止一家，相互之间会形成惨烈的竞争态势。他们为了各自的利益，会形成产品品类上的纠葛，不利于与企业的线下互动。渠道不同，各自优势也会不一样，所以企业要利用这些公共平台的销售功能，在渠道上进行区隔。因为这些网络电商平台相互之间存在剧烈的竞争，如果同样的产品在不同的渠道进行分发，就会面临某个渠道进行网络促销，引发其它渠道同步进行价格战，导致线上的增长以线下的减量为代价。这不是做电商的目的，而价格战最终受伤害的总是品牌企业。

所以面对众多的网络渠道，企业就要学会利用各自的平台优势。那么如何利用呢？企业可以采取对不同渠道进行不同产品定制的策略。比如对于京东和天猫，可以采取供应不同产品的方式，这样渠道之间的产品不会重叠，相互之间的竞争损伤也就不会波及到企业的产品策略，反而还可能产生叠加效应；其次，利用公共电商平台，对线上、线下产品进行区隔。通常来讲，大型品牌企业的渠道策略里不仅有京东、天猫这些线上平台，同时还有苏宁、国美、红星、居然等这些大型线下卖场。

企业在进行渠道调整的时候肯定不能损害线下卖场的利益，因为一旦损伤，卖场也会抵制企业，最后企业只能是得不偿失。所以，运用一定策略对线上线下产品进行渠道区隔就显得尤为重要。

事实上，一些大型企业通常也会自建部分渠道，像美的、格力；大部分采取的就是自建专卖店，与国美、苏宁进行策略分割。而现在增加了网络渠道这一块，企业就要在之前的考虑之外，进一步思考如何进行网络渠道产品与线下渠道产品在企业实现 O2O 之前的区隔。只有很好的做到这一点，才能避免出现线上线下左右手互搏的问题，也才能最终规避造成整个渠道产品价格混乱以至伤及到厂商；最后，是进行渠道定制。对大型企业而言，产品线往往都很丰富。所以不管是对大卖场还是针对网络渠道，双方都希望通过合作获得更高的利润空间。

从本质上来讲，价格战并不是企业的最终目的。价格战的真实意图是希望通过让利消费者的方式，来扩大市场份额和自己的影响力。但实际上价格战往往是"杀敌一千，自损八百"，所以本质上企业并不愿意参与价格战。但问题是，当前大家为了扩大自己的市场份额，都不可避免的在采取价格战的策略。那么对于品牌企业而言，为规避渠道之间的价格战，不妨考虑进行产品定制这种方式。

建立自有电商平台，实现 O2O 模式

为什么对大企业而言要建立自有电商平台？首先从战略安全角度来讲，企业需要建立自有电商平台。我们知道，在商务谈判中，谁握的筹码越多，谁获得的谈判优势就越强。对大企业而言，要想在企业的电商化过程中获得足够多的筹码，建立自有电商平台必然是策略之一。

在整个产业链现有的利益格局中，品牌企业与传统渠道商、大型公共电商平台之间既存在共同的利益关系，又相互冲突，因为每个环节都希望自己的利益最大化。那对于企业的发展而言，如何在保证安全的情况下让自己的利益最大化就成为企业需要认真考虑的问题。

那么这三者存在什么样的关系呢，我们不妨做一些思考。

传统的品牌企业，其优势在于产品和品牌，但在互联网时代，渠道已经

发生了重大变革，对企业也形成了逆向推动。未来的产品和品牌要更多依据洞察消费者的需求来打造，这就需要自己的平台来洞察消费者。

现在的主力消费群体是80、90后，这部分消费者已经习惯于网络比价或者购物。但是目前的电商平台和卖场，并没有将消费者数据对企业开放。未来真正进入到C2B商业格局的时候，如果企业没有大数据的基础来获得消费者的数据，企业将会丧失在O2O模式下以消费者为中心的产业互联网先机。因为企业不知道，未来消费者的需求在哪里，产品开发的依据是什么。

以红星美凯龙和居然之家为代表的卖场渠道，他们的盈利方式是场租及销售扣点，卖场本质上是一种商业地产行为，只要入驻商户的盈利水平能够承担起租金，卖场在某种程度上就是成功的；而天猫、京东这样的电商平台，其经营方式从本质上来讲跟传统的卖场没有区别，只不过是将实体的租金转化为网上入驻品牌的销售扣点，同时还赚大量的网上推广费用。电商平台和线下卖场平台本质上又是激烈的竞争关系，企业只有建立自己的O2O电商平台，这样才能够有效的平衡自有渠道和其他渠道之间的关系，也有利于自身的战略安全。因为在未来将不会是某家电商平台一家独霸天下，在现有的公共电商平台之外，部分巨型企业也能有机会做成自己的电商平台。

利用自建电商平台，成为平台型企业

就目前来看，部分超大型企业是有机会成为平台型企业的。因为在以前，很多制造型企业都是以自己的产品形成封闭式的链条。但是未来通过企业建立自有电商平台，最终让这一平台成为一个综合性的大平台，不仅卖自家的产品，还会卖其他类型的产品，最终成为一个平台型企业。

以家电企业为例，家电企业相比家居行业是个更成熟的行业，其品牌格局基本上形成，是几大品牌巨头在进行竞争，我们耳熟能详的有格力、美的、海尔、创维等。这些大型家电企业以及像家具行业的全友，顾家等，都有庞大的线下渠道网络，在线下能够为消费者提供非常完善的服务。因此这类大型品牌巨头基本具备了整合线下渠道服务商、物流商、建立自有服务平台的条件。

当企业的电商平台能够与线下物流平台和厂家的产品平台进行完全融合形成闭环的时候，其行业地位便大大增大。

案例分析：海尔日日顺

在企业通过自有电商平台成长为综合性平台方面，海尔是一个不错的案例。海尔的日日顺以原来的物流作为基础，在全国建立了几万家网点，在2000多个县市具备了配送服务能力。而这些运输的车队绝大部分并不是海尔自己的，而是整合过去为海尔提供物流服务的很多个体和小型公司，海尔通过信息数据和规范化的管理将其形成全国统一的配送平台。

在物流的基础之上，海尔进一步发展成网上商城，不断配送家电产品，同时对家具等大件商品也同时进行配送，并且在发展最后一公里的安装服务能力。所以海尔已经是一个平台型的企业，其在不知不觉之间已经成长为一个大型平台企业，并且海尔日日顺未来的发展不可限量。海尔如此，其他的家电和大型的品牌企业同样具备这种实力。因为在中国这么庞大的市场里面，具备容纳数家这种平台型企业的可能性。

对　话

与格兰仕副总裁赵为民的对话

李骞：格兰仕对互联网模式、电子商务是怎样理解的？

赵为民：大家对电商的理解就是一个开发的商业平台，但是我的理解涉及到整个产业。最终的电商必然意味着工厂参与了零售，跟消费者接触，工厂从制造业向零售业的渗透。这个时候，就需要给消费者带来更好的体验。而所谓的体验，就是满足消费者自己想要的，产业电商还可以反推，以消费者为中心，整个作业模式就改变了，所以，电商对材料供应商、渠道体系、制造模式都将起到翻天覆地的作用。

李骞：格兰仕做电子商务也有一段时间了，截止到目前，格兰仕走过了一段什么样的电子商务历程？

赵为民：我们希望在网上，只要是用户想买家电产品，都能看得到格兰仕的产品。作为品牌商，格兰仕做电子商务的目的是比较清晰的，达到品牌曝光率最大化，产品覆盖率最大化，销售量最大化。所以，我们对电商的探索是广泛布局。2009 年 2 月格兰仕的网上淘宝店正式开始运营；2009 年 9 月，格兰仕着手官网网上直销商城的搭建，并于 2010 年 6 月 28 日正式对外推广；2010年春节之后，格兰仕进驻拍拍网，开始"拍拍官方网城"。针对不同的平台合作商，格兰仕的电商策略也不尽相同。比如，格兰仕和京东的合作，后者负责销售和配送，前者负责安装。而格兰仕和天猫的合作，则是双方共同负责配送，由菜鸟网络和格兰仕的服务商共同完成。现阶段，天猫并不是格兰仕最大的白电电商出货平台，来自京东的出货量要大于天猫。在格兰仕的战略布局上，京东是作为一个白电的产销平台存在，而天猫则是一个综合平台，在这个平台上，不仅有B2C的旗舰店，还有来自大淘宝的C2C的业务。

李骞：格兰仕在试水电子商务的过程中遇到了那些问题，又是如何解决的？

赵为民：首先是物流配送。因为格兰仕是以微波炉、电饭煲、电磁炉之类的小家电为主，对于电子商务渠道而言最为直接的影响，就是物流成本的增加；其次是二次包装。电器类产品在进入物流配送环节之前，为了防止破损，都需要二次包装，依托格兰仕大规模的生产能力，可以将二次包装物料的成本压得足够低、质量控制得足够好，甚至将破损率控制在2‰以内。最后，便捷性。在现有的传统家电连锁渠道中，体积与重量较大的黑色家电与白色家电，都提供送货上门服务，而同样携带并不方便的小家电，却大多只能消费者自己提货。在价格上更具有竞争力、提供安全便捷的送货上门服务的时候，电子商务渠道为微波炉、电饭煲之类小家电提供了更佳的便捷消费体验。

李骞：未来，格兰仕在电商渠道这一块儿有那些目标？

赵为民：2014年，格兰仕依然把电商作为首要发力点。首先，在线市场要加强与天猫、京东等流电商平台的合作，丰富在线销售产品型号数量或发展有别于线下市场的定制化产品型号，优化产品结构；其次，物流网络的建设是白色家电的重中之重；最后，虽然目前白色家电产品在在线市场的销售区域主要集中在大中城市，但要进一步做大在线市场这块蛋糕，必然要将物流深入到更低级别的市场，扩大物流覆盖面、实现物流渠道下沉将给在线白色家电市场大扩张带来新的机会。格兰仕将不断推出定制产品的目的就是希望满足线上人群更加个性化的特征，抢占更高的电商市场份额。

李骞： 目前来看，格兰仕主要借力各大综合电商平台，有否像海尔日日顺那样，自建电子商城，自建服务渠道，最后成为一家服务平台？

赵为民： 格兰仕的电商策略和其他企业并不相同，在格兰仕看来，线上与线下意味着安装、配送、体验的一体化。特别是体验环节，格兰仕在全国拥有200家O2O配送商，可以为用户提供产品购买前的体验服务。而很多公司，则只是通过网站下单然后收货。目前，我们正在搭建2.0版的官方商城与微商城，服务体系主要还是依托我们的线下服务商。从战略安全、消费数据收集、品牌资产增值的角度看，格兰仕必须打造自己的垂直电商。

李骞： 得消费者得天下，格兰仕如何定义互联网时代的消费者？如何对待消费者？

赵为民： 过去，传统商业赚钱，利用的是信息不对称：一是买的不如卖的精，二是缺少一个骂街的平台。现在不一样，人人都是自媒体，买的与卖的一样精。各种测试平台，测试网站，点评网站，会把你的产品拆开检测，会把你查得底透，把所有隐藏利润拆穿，信息充分对称，媒体、测评不敢收钱帮你说"好话"。一定要回归要本，价格透明，服务做好，获得好口碑最重要。

李骞： 未来一定是消费者主权的时代，格兰仕将如何与消费者建立深度互动？

赵为民：未来格兰仕会更注重用户体验和售后服务，借此提高品牌的关注度，增加粘性，用一句抽象的话：就是抢时间，谁能抢得用户更多的时间，谁就能赢得更大的空间。否则，就是自欺欺人，自娱自乐。让商业回归本质，做有良心公司，做良心的产品，做厚道的产品，这个浮躁的年代，互信成本非常之高，好公司是"好人在坏人堆中做事"，力不从心，必须有大杀气，杀出一条血路来。移动互联网来了，世界变了，传统企业，靠硬件赚钱，路越走越窄，道越走越黑；移动互联网，用服务赚钱，路越走越宽，道越走越亮。同时，要永远记住一句话——互联网是透明的，必须阳光，不能忽悠。

第五节　O2O 模式线上的 "O" 扮演什么功能

对于家居品牌企业，用 O2O 模式实现电商化、互联网化，业内似乎已经没有太多异议。但对如何做好线上的 O，争议颇大，探讨得也很多，本书也在多处有所论及。目前据我观察，除了海尔和本章第三节所写的酷漫居外，还鲜有完全布局好线上的 "O" 的企业。那么，线上的 O 到底扮演什么功能，对线下企业最有价值呢？对于无法像海尔、酷漫居那样激进变革的企业，如何渐进演变？我认为可以从几个层面来理解，或者说企业可以由易到难，不断进化发展，最终完成线上线下的融合。

线上的 "O" 扮演产品销售功能

从电子商务时代开启伊始，最先开始的就是零售变革。这是目前传统家居企业已经做了的，主要方式就是在天猫开店，在京东开店，或者交给第三方电子商务平台。最初企业都把电商渠道当成了增量平台，后来发现不是那么回事。在家居建材业，线下渠道要么是企业自建专卖店，要么是一些区域的代理商经营专卖店，不管哪种方式，基本以专卖的方式在做。如果线上的增长以线下的减量为代价，而线上的客单价又大幅低于线下。这就对原来的代理体系造成了破坏，这是企业不愿意看到的。

一些企业为了规避这个问题，多采取对产品做区隔，在线上卖的与线下不同，但往往是线上的产品比线下便宜，在同一品牌的情况下，对品牌价值是有很大损害的，而这些产品又需要服务，需要当地代理商去落实，造成代理商不愿意干，同时还会冲击工程大单，得不偿失。当然，也有的企业把这些电商平台当成清理库存的重要通路，这不失为一个重要渠道。

在今天看来，这种电商模式已经不是家居企业发展电商的未来。

扮演企业线上综合营销平台

在今天O2O变革中，这一点对今天的传统品牌企业最现实，同时又为线上线下一体化打好基础。品牌企业对电商的早期认识就是把第三方电商平台当成了一个卖货渠道，造成了线上线下的精神分裂。如果突然打通线上线下，又没有足够的资源，可能会导致因为企业体质过虚，用药过猛衰败甚至死亡。

为什么可以把线上当营销平台，因为消费者获取信息的方式已经发生变迁，全部都可以在网上，不管是PC还是无线。而他们购买家居等大件产品的行为，通常要经过多方信息比较，以及全家线下体验。互联网，大数据，云计算，又为消费者与厂家的互动提供了廉价而高效的手段，线上营销平台功能得以完全有机会实现。这个营销平台可以考虑由这样几个层面构成。

一个基础就是官网再造，现在的企业多低估了官网（包含移动端）的功能，把官网一建，就扔到一边去了。基本没有运营，最多就是有什么信息往上面一放就算完了。改造后的官网不仅要承载企业信息，同时要承载产品信息，变成企业以产品为中心的信息平台，而不是一个电商交易平台。当然如果实现了线上线下一体化，也是可以有交易功能的。

二是这个平台可以与电商平台在产品信息上同步化，但不以厂商成交为核心目的。厂家在核算抽取部分网络成本后全部转为当地线下店的业务，跟专卖店自己卖相差无几。这种方式当然还要对渠道优化，提高渠道效率，这在其他章节已经提及。

三是围绕企业信息平台，持续进行精准营销和社会化传播，大幅提高传播效率，降低营销成本。对于品牌企业而言，消费者是有品牌选择倾向的。营销的目的，就是让消费者喜欢上品牌，成为品牌粉丝。至于消费者在哪里成交，线上还是线下，已经不重要了。未来就是要随时随地找到目标消费者，消费者随时随地都可以成交。在这个阶段，所谓线上的 O，就是一个综合各方线上资源的营销平台。

实现 O2O 线下线上融合

一体化之后在思维和信息上就不存在线上线下的分别，就是以消费者为核心，为消费者提供更便利的服务，更优质的产品，也更能满足消费者的个性化需求。但在家居产业，离这一步还有不近的距离，谁先到达这个终点，谁就能取得产业互联网化的先机，但对于数量如此庞大的家居产业而言，估计绝大部分家居产业走不到这一天。

02

第五章

传统渠道变革之一
代理商转型势在必行

渠道变革，代理商转变

在传统企业的渠道体系中，经销商是非常重要的一环，是连接厂家和消费者之间的桥梁，是厂家手和脚的延伸，是代表厂家与消费者进行产品交易和售后服务，在各个环节与消费者进行接触的载体。经销商作为从企业到终端零售的销售渠道链中一个必不可少的重要环节，在市场中的作用是不可或缺、十分巨大。

电商平台出现之前，经销商不仅是获得市场信息最多的一环，而且企业的大部分利润都通过经销商去实现。在过去，厂商经常喊出的一句口号是"渠道为王"，形象地说明了渠道在厂商的营销战略中占有首要地位。但今天这种地位正逐渐下降，虽然很多行业（比如多数需要线下继续服务的行业，包括本书谈到的家居建材行业），在市场营销的很多方面（比如说对当地市场的熟悉），经销商仍旧起着不可替代的作用，但这种重要性在电子商务的大力冲击下，影响力正在变化是不争的事实。

我们从电子商务在中国市场逐渐兴起的过程可以看到，过去许多令人难以置信的，似乎电商永远不可能蚕食的传统行业逐渐被电商"染指"。起初是图书，而后是服装，然后是3C及家电，如今则是建材、家居及其他看似电商不太容易介入的行业。

2012年，王健林和马云为10年后电商在零售市场份额能否过半设下亿元赌局，虽然我们不能量化地预测未来谁是赢者，但我们确实看到作为电商的一部分，移动互联网甚至渗透到了餐饮和出行，这对大型商圈无疑会产生持久的冲击。过去消费者在购买某些产品和服务的时候并不信任电商平台，对产品质量，售后服务以及是否能和线下一样买到称心如意的产品心存疑虑。而如今，这些顾虑随着电子商务的成熟和消费者消费习惯的变迁而逐渐消释。

简单而言，在互联网时代，当电商几年渗透到了每一项产品和服务需求时，当更多的消费者寻求在线上购物的时候，当更多的行业不得不"触电"的时候，线下的渠道商面临的冲击会越来越大。

第一节　传统经销商的破产并非危言耸听

渠道变革效率致胜

站在经销商的角度，实事求是地看，经销商过去所扮演的角色是拜时代所赐。在品牌厂家和消费者无法有效衔接的时代，经销商是市场的必然产物，在市场中扮演了重要的角色。但在互联网时代，如果经销商所扮演的角色和身份不能很好地与时代契合，其生存也会面临前所未有的考验。

因为渠道的发展最终是以效率的不断提升来决定胜负的。

电商的目的就是提高市场效率，减少交易成本。在这一过程中，必然要逐渐剔除渠道链中效率偏低的地方，这就是意味着处于中间环节的经销商，面临生存空间被挤压，甚至退出的危险。

传统图书渠道是如何死亡的

以图书出版业为例。图书出版行业是最先遭受电商冲击的行业，也是中间渠道迅速瓦解的一个行业。在2006年，当当网与卓越亚马逊发起价格大战，之后，京东商城和苏宁易购也相继加入图书频道。在混乱的电商图书大战中，图书价格一跌再跌，甚至沦落为综合类电商平台的"引流品"和"陪衬品"。目前几大电商平台重要的不是卖书能带来多大利润，而是借助图书品类吸引客流。

在这种情况下，实体书店深受冲击，各地的书店尤其是民营书店陷入倒闭潮。广州三联书店、上海思考乐书局、席殊书屋以及北京光合作用书店、风入松书店等纷纷倒闭。其中，最惊动业界的是，2010年年初北京最大的民营书店第三极在亏损近8000万元后倒闭。

出版行业的民营渠道，也就是被称为"二渠道"的很多地方批发渠道和遍布全国的图书经销商，在电子商务没有到来之前，占整个图书市场份额的30%。最先受到冲击的也即这部分被称为"书商"的渠道。相对而言，被称为"主渠道"的新华书店渠道受到的影响较小，这是因为新华书店具备传统的民营渠道所不具备的优势。新华书店的渠道和卖场都属于新华书店独资所有，其营业成本远远低于民营渠道的店面成本。同时，新华书店在行业特殊政策的保护下成为很多特殊图书产品的独家代理商，比如说教材、教辅、政府宣传类图书等等，而这些图书在电商平台上很少铺货或者不铺货。正是特殊的保护性政策让新华书店在当时未受到重大影响，其下滑速度较为平缓。在这一点上，民营渠道就没有那么幸运了，电商一来，几乎全部被打垮。

网络书店对传统图书出版市场的冲击到今天为止可以毫无悬念地讲，除了特殊渠道之外，大部分的民营渠道、各地的批发市场及书店已经处于破产和快破产的状态，存在价值已经很小了，网络渠道的图书占比已经从4~5年前的20%多，到现在的一半以上，很多出版社，还有小型出版社，主要销售渠道都变成网络渠道，实体书店都不发货了。

同样的冲击也发生在服装行业。当然，服装行业在过去的两三年内，一直被庞大的库存问题所困扰，去年以来包括中国动向、361、安踏、匹克、特步等运动品牌累计关闭门店数量超过6000家。但困扰服装行业的远不仅仅是库存问题，电商对服装的冲击也不可轻视。

在电子商务领域中，服装是仅次于图书，第二个被电商大规模介入的行业。据统计，2012年整体服装市场的交易规模为11840.5亿元，服装网购市场交易规模为3188.8亿元，占比为26.9%，为网购市场最大品类。到现在为止，对服装行业来说，不仅是一半代理商已经破产的问题，而是大部分剩余代理商将要破产的问题。是我们经常听到各地的服装经销商抱怨，生意越来越难做。

渠道商顺势转型服务商

对家居建材行业而言，情况似乎要好很多。因为电商对该行业的冲击相对比其他行业要缓慢一些。但到目前为止，这个行业也已经处于电商化的猛烈攻势下，2013年"双十一"期间，天猫等电商平台就开始与传统家居建材卖场进行竞争，据阿里巴巴2013年11月12日凌晨公布的数据显示，截止12日凌晨支付宝成交金额单店总排名TOP10中，罗莱家纺以1.55亿元位居第四，富安娜以1.16亿元位居第七，林氏木业家具以1.10亿元位居第九，俨然泛家居品类已成为天猫的吸金品类之一。从数据可以看出，天猫平台上泛家居的销售量在整个家居行业中的占比微不足道，但其增长态势却相对线下的销售乏力形成鲜明对比。要知道这个数据还是在传统家居卖场大力抵制的情况下达成的，当然这也是企业的一种营销行为，据业内人士讲，为了获得更好的排名，有的家居企业自己刷单7000万。

针对线下传统家居卖场的抵制，阿里巴巴旗下的天猫在2014年再次对泛家居品类做出布局。据天猫宣布，2014年计划在100个城市主城区推出免费送货、入户安装服务，用户可享受按时免费送货上门、由专业的团队进行免费安装等项目。

无疑，传统的家居建材模式将越来越感受到电商带来的压力，随着线上电商对该行业的探索和深耕，随着越来越多的消费者向网上迁移，泛家居行业的许多传统代理商像图书、服装代理商一样，走向衰落是必然的，只有部分代理商能顺应O2O模式的发展，优化渠道布局，扮演好新时代的服务商，从而顺利转型。

第二节 经销商差价暴利时代逐渐终结

线上增长并没有那么快捷

和其他行业一样，电商对泛家居行业的冲击，最先表现在价格上。线上的低价无疑是杀手锏，这也就是为什么各大电商平台为了抢占市场份额，都大打价格战的原因，因为低价对线下构成了最直接的冲击。但对家居建材类大部分产品来说，消费者多需要线下体验、线下安装的。如果价格降下去，却带来线下体验和安装服务的烦恼，那么消费者没有理由一定要抛弃线下店面而转向线上交易。

让我们看一组数据：2010年，中国家居建材线上电商交易额约228亿元，占整个装修家居建材行业的2.27%；2011年，家居建材线上电商交易额达282亿元，占比2.34%；2012年，家居建材线上电商交易额达450亿元，占比3%；2013年，家居建材线上电商交易额达700亿元，占比3.74%。

从线上市场整体来看，增长态势明显，主要原因在于线下家居企业以及线上网购平台都在积极推动家居"触电"的行程。另一方面，最近3年建材家居在线上规模的成长并不如图书、服装、3C、家电那样快，这其中的原因在于线下传统渠道的力量较大、购买环节的体验度不够及时售后安装服务不完善等。但从长远趋势来看，线上渠道在泛家居行业的地位会越来越重要，其交易规模也将会越来越大，所以厂家也会对线下进行优化，重新设置利益分配模式。

告别大差价时代

这也间接宣告了建材家居行业经销商暴利时代的终结。众所周知，传统的渠道是通过层层加价的方式获取利润，属于差价暴利，每一个产品到自己的手里都要"过一道"。对家居这种大件产品而言，这"过一道"的利润常常是不菲的。因为家居建材基本上属于高单价产品，每卖出一件产品，赚取的绝对利润相当可观。这种绝对的利润足以维持各个代理环节的生存，相当多经销商的日子过得还不错。

但是随着电商渠道越来越走向深入，产品信息（价格、材质）在消费者这里已经更大化的透明化。代理商无法用以前的信息不对称来获取更大的差价。因为消费者在网络购买产品时是很容易转换的，只要鼠标轻轻一点就从一个产品转换到另外一个产品，从一个品牌转换到另外一个品牌，从一家商铺转化到另一家商铺。通俗地讲，就是很容易做到"货比三家"。由于产品信息在电商时代的转移成本很低，泛家居行业在线上平台的消费者一定会和其他行业一样，其线下消费者被大大分流。

另一方面，由于电商的用户转换成本较低，无意间给经销商建立市场壁垒带来空前的难度，即无法像过去一样通过地理位置的有效区隔实现地区垄断性经营。以往消费者要买建材可能需要跑很多不同的市场，而现在电商为消费者提供了网上选货的便利，本地没有的，可以从网上选，本地有的，可以与网上做对比。一言以蔽之，电商更容易打破地方市场垄断，给消费者更大的选择话语权。

信息的转化和对市场壁垒的打破无疑对线下构成了致命的威胁。

　　这可以从这几年家居大卖场经营遇到空前阻力管中窥豹。在家居大卖场里面，卖场面积动辄数万平方米，大则几十万、甚至上百万平方米的规模，即使整个卖场有足够的人流，而落到每一个店面的人流也是非常有限的。

　　这就像赌场一样，赌博的人有输有赢，唯一不败的只有开赌场的人。从某种程度上讲，卖场与经销商的关系就是如此，不管经销商是不是盈利，反正给卖场的那一部分总是要给的。

　　所以我们不断看到红星美凯龙、居然之家在很多地方开店、招租，很多代理商入驻，但很快发现无法盈利，甚至卖场当初招租时有很美好的承诺，后期无法兑现，从而导致家居建材生产商、经销商与卖场之间的矛盾时常发生，因为产品销量下滑承受不了店面租金，很多知名品牌经销商纷纷撤离了一些不好的家居卖场。这只是冰山一角，流通渠道的负担已经成为压垮家居建材企业经销商重要因素之一。

　　从大卖场无法兑现入驻商户盈利的现象可以预见，随着网络电商时代对家居、建材行业中间环节的入侵，过去依靠差价经营发展，依靠差价养租的模式正处于衰落期。

　　另一个显著的现象是，家居建材行业的经销商在电商的逼近下越来越感到前途渺茫，却又不知道"路在何方"。在对"酷漫居"的采访中，创始人杨涛说，"在企业向互联网转型的过程中，很多代理商不认可"酷漫居"的这种转型，因为他们已经习惯了两倍、三倍的利润差价，很难去适应转型后40%左右的毛利。最终，很大一部分经销商选择与酷漫居分道扬镳。"表面上看，酷漫居的代理商在退出后可能很容易获得其他品牌、其他产品的代理权，但其他产品、其他品牌最终也会面临跟"酷曼居"一样的境遇。

因为在向互联网转型的过程之中，电商冲击的绝不是一家、两家、几家企业，也不是一个行业、两个行业、几个行业，而是所有的企业和行业，所以这是一场以互联网为主的产业革命，而非微观经济上的几个企业、几个行业。

正是在这一互联网产业革命下，所有不合时代发展的渠道链条环节都会逐渐被剔除，或者优化。经销商必须明白，在互联网电商的冲击下，靠产品差价获取暴利的时代在逐渐终结。

第三节　差价到服务，经销商涅槃的必经之路

代理商可以扮演重要角色

电子商务化取代传统商业生态系统是必然趋势，靠赚差价盈利的商业模式必然走向衰亡。经销商的转型之路在哪儿？这是很多业内人士，特别是代理商关心的首要问题。

前面我们分析，家居建材的销售，不是卖出货那么简单。简而言之，除了卖货，还要涉及安装和售后。对线下卖场冲击最大的电商，无疑是天猫和京东这种大电商平台，但他们多只解决了卖货的问题，虽然天猫曾经想尝试爱蜂巢完成体验和售后服务问题，但最终证明失败，假如不能给装好，恐怕没有消费者会选择线上下单。

而对家居建材而言，电子商务绝不是和图书、服装、3C 等领域一样，纯粹是为了卖产品（当然有些产品会涉及到售后保修，但相对而言需要线下配合解决的问题并不是太难），而是会涉及到设计、装修等相对其他行业更频

繁、复杂、琐碎的售后问题。面对这些问题，厂家自己解决不了，电商平台也解决不了，这需要线下的经销商与厂家"联合起来"，将线上、线下共同经营好。现在厂家在网上卖产品，最后的服务也多是由当地的代理商执行，这也是企业在摸索的过渡阶段。

事实上，很多目光超前的企业和经销商已经认识到了电子商务给他们带来的变革之路。O2O 模式既能让现在的代理商能够扮演重要角色，那就是线下的服务。而线上的成交可以减少线下店面的数量，省去了部分传统渠道中的租金、人力等成本，帮助当地的代理商提高效率，效率提高后的代理商也许单品利润减少，但成本会比过去减少。

说到这儿，也许新的盈利方式已经展现出来了——由传统的代理体制向新型的服务体制转变。

利豪沙发，也是努力向互联网时代转型的一家企业。利豪沙发早在 2008 年就已入驻北京各高端家居卖场开设总部直营店，并取得了优异的业绩。但 2011 年以来，随着 4 万亿投资红利逐渐消失，国家对房地产调控所引起的市场需求减少后，利豪沙发像其他大多数传统泛家居企业一样，其业绩大不如前。

也许只有在市场退潮的时候，才能检验一个企业真正的实力和经营水准。这次危机也对传统的家居、建材行业以往几十年的粗放式发展提出了挑战，过去靠跑马圈地，通过线下不断开店可以取得不俗的业绩，但是在今天以这种方式无望继续获利，甚至会拖垮企业。利豪沙发深刻认识到了这点，果断收缩店面，只保留核心地段的 6 家店面。在收缩的同时，利豪沙发也将店面承担的功能进行了重新定位，这 6 家店面主要目的是为客户提供更为方便的选货体验，而这6家店面的客源将全部由以互联网为中心的大数据库提供。经过一段时间的调整，北京市场的盈利水平明显上升。

据悉，早在2011年初，利豪沙发就已经启动了"O2O云营销计划"，按照互联网的O2O模式，将线上线下完美结合，进行全线互动。该计划主要通过建立以互联网为中心的大数据平台，积累客户资源，再分发至全国经销商，开创全新的经销商开店、总部送客源的商业模式。目前，利豪沙发在线上已拥有自己的电商平台，在线下也拥有了几十人的爆破团队。

利豪沙发将线下店面转型为服务体验中心的做法无疑是可取的，就传统的代理和新型的服务而言，所扮演的角色和所起的功能完全不同。前者的利润中心在价格差，而后者的利润中心在服务。可以对这两个概念进行下对比，传统的代理体制是以厂家为基点，在每一个流通环节加上一部分的渠道利润，经过层层加价的方式最终到达了消费者的手中，是以厂家为原点，最后形成了整个渠道的利益链。

但电商时代产生了一个消费领域不可避免的新趋势，厂家的产品和消费者之间购买的信息之间，将会因为网络的发展，变得公开透明，这个环节将经销商以往对产品信息、销售信息的垄断打破。从整个产业互联网化发展的终极目标来看，从B2C到C2B将会发起以消费者为中心的产业化革命。对于服务体系而言，以厂家为原点的渠道体系将会转变为以消费者为中心的服务体系。

双线发展，最大限度释放产业能量

这也可以从新型的家居电商美乐乐的发展历程看出，在整个家居、建材行业线下规模严重缩水的时候，美乐乐的线下却在不断壮大，从2011年在成都开设第一家线下体验馆至今，美乐乐已在国内开设了280多家门店，美乐乐为什么可以做到这点？

因为美乐乐体验店从不设在繁华地段，而是选择相对偏远、但交通方便的区域，一来租金便宜，二来场地大小合适，有合适的面积展示产品；在物流方面，海运和大车运输是美乐乐的重要载体，由此又节省了比行业内便宜近乎一半的物流成本。

家居电商美乐乐的 CEO 高扬曾经说："现在中国主要的消费者像30多岁的这些人群，他们主流的消费习惯首先是从网上寻找信息，找到以后再去比较，然后才做购物决定。消费习惯跟老一代非常不一样，我觉得这是电商发展很快的根本动力之一。"

而泛家居行业要想在电商上真正发力，线下的体验性是无比重要的。这就是为什么美乐乐从2011年起就开始布局线下的体验店，正式开启了业界"线上商城＋线下实体店"O2O 模式。目前美乐乐在全国已经拥有近280家实体店，与传统大卖场比，这些店的地段不一定很好，但在互联网的指引下，销售业绩却非常不错。如今美乐乐还将供应链触角在全国扩张开来，进一步优化供应渠道，更好地让利给消费者。

O2O 的"双线"发展已经开始成为电商撼动传统消费观念的一把钥匙。创新工场董事长兼首席执行官李开复也曾公开表示："O2O 未来会改变中国，线上、线下一旦连起来，将是巨大的爆发式力量。"

李开复所说的这种爆发式力量正在泛家居行业中展开。作为 O2O 中后一个 O，经销商完全可以有效扮演这一个角色，只是经销商做好了心理和行动准备吗？

第四节　经销商纵向整合搭上渠道电商化的顺风车

在传统的代理模式下，品牌厂家要想在电子商务化上有所作为，作为渠道流通环节的经销商的电商化是很重要的一环。经销商如果顺利搭上互联网的顺风车，不仅不会阻碍行业电商化的过程，甚至会推动、完善行业的互联网进化。那么经销商如何在互联网大潮中跟随趋势，与厂家一同进化呢？

从开店思维到运营思维

在传统的渠道体系中，我们都有这样一种说法，叫"卡位"或"抢位"。经销商业绩的好坏在于能否在卖场里面争到流量入口，占据有利的商铺位置。店面不仅要大，还要气派，因为这样才能俘获消费者的信任。在电商到来之前，在消费者只有一种渠道供选择的时候，这种方式确实能最大限度的吸引消费人流，是行之有效的消费者截流。

但随着互联网购物渠道越来越发达，消费者可选择的余地越来越大。这种开店、开大店的模式将会成为经销商的负担。店大，意味着场租成本高，也意味着要雇佣的员工多，这无疑会增加经销商经营的成本压力。同时在产品价格变得越来越透明的情况下，电商销售的价格必然降低。一方面是线下成本的不断增高，一方面是线上低价冲击导致线下销售的锐减，这一增一减自然会降低经销商的经营利润。在这种形势下，经销商还有实力能够经营下去吗？

经销商要适应未来的泛家居产业渠道发展，迎合 O2O 模式进化的大势，需要迅速优化自己的业务链条，提高渠道效率，利用自己的线下优势主动去配合厂家，完成厂家的渠道变革。要学会线上引流（当然在目前还要在保证线下引流的同时学会线上引流），让厂家的电商平台，让厂家的分发渠道成为线下的引流来源，而自己的店面成为厂家和厂家电商平台的体验中心，也同时在当地进行引流，获取本地化的服务价值。所以在店面的经营思维上，代理商就要主动求变，不能坐以待毙。

为消费者提供服务价值

虽然过去我们一直都在说"顾客是上帝"，但上帝是供在那里的，我们无法跟他亲近。我们敬仰他，尊重他，仰视他，这些都没错，但这样如何走进消费者，完全理解消费者，为消费者提供优质服务？

我们要转变"上帝是高高在上"的这一思路，我们要做消费者的兄弟，做消费者的朋友，也是消费者的仆人。这个仆人还是智能仆人，消费者有什么想法我们都能注意到，都能想办法去满足消费者。如此，我们才能给消费者带来真实的体验，让消费者离不开你的产品，离不开你的服务。未来经销商要通过这种服务的价值，从服务的增值中获取利润。

电商化后的厂家服务链延伸

在未来，无论如何变化，但流通的法则并不会发生大的变化。电商改变的只是从厂家到消费者之间的距离。在信息不太透明，物流不太发达的时候，从厂家的产品到消费者的手中，这个管道很长，厂家到经销商，经销商到店面，店面到消费者的手中，是单向流通。但未来因互联网的发达和获取信息的方便性，使厂商有机会感知到消费者的需求，并了解消费者的需求，因消费者需求的变化而影响到自己产品的设计、开发。所以未来的经销商要变成连接厂商和消费者之间的区域化的服务性平台。

经销商覆盖的半径未必很大很远。但是在他服务的半径之内他能成为厂家和消费者之间重要的连接渠道，而这个渠道是一个服务价值而不是纯粹的产品差价，是以信息透明为前提的。厂家电商化最难的一点就是渠道利益格局的重新界定，如果经销商具备同样的电商化思维，整个渠道的优化和变革将会变得相对容易。

当然，在这样一场以提升渠道效率的变革中，不是所有的经销商都能有机会获得新的变革机会，这也是大势所趋，每一场商业巨变的背后，都是新势力崛起，或者老势力蝶变重生，那些不适应未来趋势的经销商，将会被淘汰出局。

进一步讲，服务在任何时候都需要，不因渠道的变化而变化，也不因电商的到来而荒废。相反，电商的发展只会对服务提出更高的要求。在这个大势下，不是厂家自己服务，也会请第三方来服务。为什么我们的经销商就不能顺利转型为消费者提供这种服务？为什么我们的经销商就不能转型为厂家提供这种服务的区域化连接平台？所以，经销商的价值应该在新的互联网的形态下重新焕发生机。对消费者的服务价值，假如能有效满足消费者对服务的需求，最终赚取的利润未必比过去赚取差价要低。

假定某代理商转型为服务商，代理商的店面转型为品牌的服务体验店，品牌企业通过网络引流和代理商通过线下传播的方式吸引客户，服务商收取线下的安装、售后服务费和部分差价。在这种要求下，自然有很多经销商担心做出这样的转型，如此一来，会不会影响其盈利水平？答案是会，也可能不会，但最起码不至于陷入绝境。

可以算这样一笔账，如果厂家产品出厂价格是1000元钱，到了经销商的手里加了一倍的差价，就是2000元钱。到了卖场，又加到4000元钱，经销商在此过程中赚取了一千块钱的价差。但是新的服务商架构下，产品的终端零售价只是两千块钱。如果说在以前4000元钱的售价之下，代理商能够一个月卖10件产品，那么通过厂商的这种引流和对网络渠道的梳理之后，这样的一个服务商能够卖30件产品。

这样，经销商的总体的销量上实际上已经超越了每天产品卖价格最大化时的销量。反过来讲，从利润上来看，经销商获得了厂商提供的服务费和为消费者配送安装的服务费，他可能只赚取了10%到20%的服务费，这在原来卖10件产品的过程中要付出大量的场租成本和人力成本。而通过体验店的方式他可以降低场租，降低人力成本，降低整个经营的费用。通算下来，他最后获取的服务费和部分产品差价的绝对利润上，或许已经大大超越了原来的代理模式。

当然这是一种好的可能性，另外一种可能性是，毛利率降低，绝对利润略微降低，但这总比破产要好。转型必然要付出一定的代价，必然要带来短暂的阵痛，但如果能够适应未来发展趋势，将会迎来新一轮的涅槃重生。

第五节　经销商联合建立区域服务平台或者电商

春江水暖鸭先知。在建材、家居行业，最知市场冷暖的当数经销商。对变幻莫测的市场中，能敏锐察觉并迅速自我调节，才能在瞬息万变的市场上立于不败之地。电商化来袭之际，也是考验经销商如何面对过去的成功，如何面对未来把握电商化的产业商机的时候。

对家居建材的经销商而言，在电商通路的最后一公里能够有效整合服务，无疑是一种巨大的商机。这种商机来源于两个行业很重要的特点：

第一，家居建材是一个涉及到系统性装修的工程，产品五花八门，从地板到吊顶，从木门到橱柜等等，而且消费者基本上希望是一站式购买，不管是线上集中下单，还是线下集中下单，消费者关注的除了产品质量及满足自己的个性需求之外，便利性是个很重要的因素，这就要求线下也能够集中服务。

第二，各地的代理商对当地市场更为熟悉，对当地的消费者更为熟悉，尤其重要的是经过长时间的经营，多数经销商对当地各种各样的服务合作方熟悉。这就为代理商相互之间合作共赢创造了机会。例如说，某个区域将家装所有的产品整合到一个服务平台上，共同使用这一服务平台，这样做不仅降低了成本，同时更容易满足线上消费者的要求。

这也会成为各种产品的企业在当地实现线下整合的一个重要平台。线上和线下，在区域性的服务平台上得到了最后一公里的落实。

这个服务性平台可以对接很多的电商平台，比如可以对接天猫的平台，在 2014 年 3 月 10 日，天猫的装修季，其中有一个板块就是需要整合各个地方的服务商。各地的服务商可以整合进海尔、日日顺的物流系统，成为日日顺物流系统最后一公里的服务提供商。还有像京东这些大平台，还有很多各种各样的大型企业的电子商务平台，就像格力也在年初宣布了自己的电商战略，大型企业最终都会向平台方向发展的。

以全友家居为例，因为配送安装售后是家具等大件商品销售过程中的重要环节，尤其是线上销售。全友家居在全国范围内拥有众多专卖店，凡是在淘宝、天猫平台上的全友家居官方旗舰店购买的家具产品，不论是运送、安装、售后都将得到消费者所在的当地全友专卖店的大力支持。可以说广泛的网点分布，让全友在物流运送等服务上已经具备领先其他家居电商的机会。

所谓转型就是上帝为你关闭了一扇门，同时一定会为你打开另一扇窗。

除了区域性的服务平台，在新的电商时代，每个地方的区域代理商还可以构建这一带的联盟电商。这个联盟电商是联合同区域，但是相互代理的产品不存在同业竞争的情况下进行合作，以便为同样一个客户提供增值的服务。同时，这也会降低代理商的成本，这也是现在很多区域，流行区域联合团购的原因。

现在的家居建材联盟还属于松散型，未来在电商对线下的要求下也许会走得更加紧密，成为在各个不同产品的线上线下一体化的服务商，这就变成了从旧的代理商向新的服务商成功转型。一些松散型的联盟，在电商到来前就存在，比如卓越利盟，冠军联盟，超级碗联盟等等，这些都是减少成本，为消费者提供更多更好服务模式的有益尝试。未来能不能够更进一步的发展，将会给代理商的电商转型带来更多的启迪。

对　话

与冠军联盟秘书长管琪林的对话

李骞：冠军联盟作为家居、建材行业中的品牌联盟，一直走在行业的最前端，但是到今天为止也一定面临互联网、电商带来新的变化，作为冠军联盟的秘书长，您怎么看待这种变化？

管琪林（冠军联盟秘书长）：从冠军联盟的角度来看，我们一直定义要做绿色家居品质典范，我们考虑更多的是走在行业的前面，在移动互联网的时候我们不掉队，甚至要做领队。所以，在这方面我们也做了一些尝试和探索，包括我们启动线下的冠军联盟门店，进行O2O试点。当然冠军联盟的品牌有一个共性，大家在终端渠道有非常多的门店，少则过千家，多则过万家。那么这些传统的门店是我们强大的体验、服务能力的支撑，所以我们更多的是联合我们已有的线下资源去共同迎接未来市场的变化，所以我们更多的是关注O2O这个模式。

李骞：对于O2O，冠军联盟可以很好地借助自身原本具备的地面优势，也就是后一个"O"不是问题，对于前一个"O"，冠军联盟怎么看？

管琪林：我们先解决移动互联工具的应用，让智能手机为主的移动端能够导入到我们终端体系中。因为家居行业很重要的一点就是服务体验的重要性，我们既然有线下大量的门店支持，就有能力将这些门店推到我们线上的消费者中去。还有就是在 PC 端上，我们看到了包括天猫、京东以及新型的其他电商平台对于我们这个行业的冲击和影响。但是我们看到更多的是，他们作为我们一个很好的补充渠道，但还不能成为我们主打的渠道。其他行业可能跟我们这个行业不太一样，这个行业的消费者还是希望能够实实在在地去感知产品，因为我们这个行业的发展与其他诸如家电、汽车、IT 产品还不大一样。产品还需要现场体验、售后服务、或者定制，正是传统的渠道和线下店面支撑着我们的品牌走到今天，那么未来我们要继续发展的话，我们一定要把传统的渠道用起来。同时因为消费者在变，消费者更多的时间在网上，更多喜欢应用的工具是移动互联的工具，我们实现无缝的对接，实现线上线下的转化，这是我们未来重要的一个课题。

李骞：家居建材这个行业以前做电商都是"喊得多，做得少"，还没有深入进去，并且做起来很难，O2O 这个模式是不是基本上可以解决我们这个行业的特殊性？

管琪林：提到我们这个行业的特殊性，我们有几个特别，就是产品特殊性、行业发展阶段、平时消费者不太关注等等，各种特殊性决定了我们离不开线下这个核心的力量。但随着互联网对该行业的逐渐渗透，也给整个行业带来一些积极的变化。我们看到传统的建材家装卖场因为租金的压力，逐渐在远离城市的市中心，在这种情况下，消费者购物的便利性就会打一个折扣。 但随着更多的消费者通过更多移动互联的方式聚集到远离市中心的终端门店的话，我们的线下门店完全可以为消费者提供最便利的线下体验和服务，这个也是我们未来走 O2O 模式的一个优势。

第六章

传统渠道变革之二
卖场电商化变革

卖场困局，变革在即

在商业发展史上，没有永远的革命者，也没有永远的被革命者。商业的发展总在这样一个轮回中不断向前推进，推进的客观规律永远是效率和效益的不断提升。数年前，我们很难想象在泛家居产业的四大卖场中，苏宁、国美、红星美凯龙、居然之家会成为今天的被革命者，不管这种革命是被别人革命还是自我革命。他们曾经是革命的先驱，以革命的姿态建立了电商变革未正式出现之前的庞大销售平台。他们曾是小店的梦魇、是与品牌企业叫板的力量。但在今天，这四大卖场不约而同地遭到线上渠道的冲击。

在泛家居行业，传统卖场模式主要有两种，其盈利模式和经营模式有很大不同。一种是以苏宁、国美为代表的模式，这种模式主要以赚取产品差价的方式获取盈利。在经营方式上，苏宁和国美采取的是由零售商统一售卖的方式，统一管理各个品牌和产品的方式来进行；另外一种是以红星美凯龙、居然之家为代表的商业地产模式，他们主要通过收取租金、场租盈利，但也收取一定的销售扣点来获取利润。而在经营模式上，红星美凯龙、居然之家这样的卖场平台上是由各个经销商来负责店面的经营，卖场只负责卖场整体上的协调和管理。

这两种线下大卖场模式各有优势，其共同之处在于，在渠道较为单一的线下时代，他们曾经一度成为家电和家居建材行业的渠道垄断商，尤其是在相对成熟的一、二级市场。但现在，他们受到线上电商的巨大冲击已经成为事实，并且这种侵蚀的力量会越来越大。

要知道，红星美凯龙主要的营收来源于场租，而场租则需要各大品牌经销商的线下获利能力来支撑。传统大卖场线下平台销售的乏力与线上电商平台如火如荼形成鲜明对比，这种对比意味着什么呢？

那就是卖场在面对电商袭来之际，面临前所未有的困局，转型任重而道远。

第一节　昔日老革命碰上新革命

三种视角看卖场

2012年对于家居大卖场来说是转折性的一年，家得宝宣布关闭其在中国的所有七家大型家居建材零售商店，英国百安居在华遭遇业绩下滑，东方家园在京的数家门店关门停业……这一系列现象是否能够印证传统的家居建材大卖场正由辉煌走向没落？我们不能简单地对此问题下武断性评论，但大卖场开始走向没落已然成为一种事实和趋势，如果不求变，没落是一定的。

不妨先来梳理下，是哪些因素导致大卖场开始从辉煌走向没落？

　　从宏观环境来说，始于2008年的4万亿投资效应的结束与国家对房地产的调控政策给市场泼了冷水，简而言之就是楼市的不景气带来建材、家居消费量的剧减，导致卖场面积过剩，这是属于激情过后的平静，归于平静是再自然不过的事情，当然，后遗症是免不了的。

　　从微观来讲，一方面是习惯了过去市场需求井喷的日子，导致无论是企业还是经销商抑或是家居卖场，行业"利益均沾者"吃了成功的毒苹果，正应了老子在《道德经》所言："祸兮福之所倚，福兮祸之所伏。"在经营业绩大好的情况下，忽略了对未来的判断，或者安于眼前的利益，无暇顾及对自身缺陷的弥补。

　　其实，我更看重中观层面电商竞争对卖场的影响。不管是线上还是线下，对于今天的家居家装市场而言，因为快速增长时代已经过去，即使有增量，也不是像以前那么快捷，所以在总量没有太大变化的情况下，池子里的鱼就那么多，谁捞得多，谁的市场份额就大。对于消费者来说，不管是线上还是线下，方便、便宜、品质和满足自己的喜好永远是第一位的，线上和线下对他们而言并不是很重要，所以现阶段已经到了争抢市场份额时代。

　　电商模式，不管今天体验如何，在总体效率上，电商是相对较高的，所以从市场份额来看，电商占据的市场份额越来越高，自然，线下卖场的市场份额比例在逐渐降低，一增一减，差异自然就出来了，只有到了某一天，增量和减量达到一个平衡点，两者竞争的烈度才会降低。

卖场未来的最大竞争对手

　　在很多企业销售出现剧烈下滑之际，我们也看到借助互联网起家的美乐乐等新兴家居企业在短时间内实现逆势增长，已经从产品品牌向渠道品牌进化。虽然美乐乐作为一个家居电商企业，现在在整个泛家居销售额中的占比还很小，与居然、红星等并不在一个量级上，但根据历史经验，每次经济危机必然会带来新的科技突破，而市场危机也必然会催生新的商业模式。换言之，代表新科技、新模式，效率大幅提升的家居电商美乐乐、齐家网，在不远的将来，起码将会是红星、居然最大的竞争对手之一。

当然，并不是这些卖场老革命，就等新革命打上门来，他们已经在固守优势的同时，在进行自我革命。我们看到，尽管很多传统卖场在电子商务上屡屡失败，但还是在努力尝试通过不同方式努力"触电"，这已经成为行业内先知先觉者的共识。

在电子商务未兴起之时，苏宁、国美、红星美凯龙、居然之家之类的大卖场在全国"攻城略地"。用高效的连锁商业模式带来的规模化效率，"收拾"了很多规模小，效率低，无品牌效应的家电、家居小卖场，但今天他们却面临着史无前例的困局。根据可查的财务报告，苏宁盈利在去年大幅下滑，而其竞争对手国美经历了几年的艰辛后，实现了扭亏为盈（电商投入减少，线下低效店面缩减，短时间内提高了坪效），居然之家和红星美凯龙2012年开始就一改之前的高增长态势，出现剧烈下滑。为什么这些业界的"大佬们"面临如此巨大的市场困局，我们来看看它现有的商业形态和模式下，到底因为哪些显性的和隐形的因素，导致他们的发展受到了阻碍？

其实我们可以反问，为什么当初这些大型卖场能够快速成长起来？那是因为他们在过去是以"革命者"的高姿态提高了渠道的整体效率，也是用更高效的渠道优势在行业内独占鳌头。大卖场通过占据线下优良的地段，建立起涵盖行业众多品牌产品的商业形态，用规模化和集约化解决了效率，同时也方便了消费者的一站式采购，形成了对线下客流的绝对控制，用互联网术语就是"对流量的控制"。

在没有形成大型家电、家居产品的电商平台之前，这些卖场控制了线下的客流，而在"渠道为王"、"终端为王"的竞争格局下，控制了线下消费者流量就等于控制了一切。正是因为这些大卖场很好地控制了消费者流量的入口，所以他们可以通过连锁经营的方式迅速在全国各地、各大城市"跑马圈地"，从而形成了全国性的地面流量入口。他们通过集中地面消费者流量的方式，提高了整个渠道的效率。这个效率相对以前各个厂家自建渠道，各个地方经销商在不同的区域和地段建立单店的方式的效率，渠道整体的效率获得了大幅度提高。

虽然大卖场通过截获地面流量的方式大大提高了渠道效率，但仍然有渠道上的异类，比如说格力在当年不满国美对渠道的垄断，以其产品优势、品牌优势拉拢渠道商、建立自营专卖店，通过渠道、终端自有的方式获得了快速的发展。但是格力这样的企业在中国毕竟是异数。

曾经很多大型家电制造企业，比如 TCL、海尔等都曾对国美、苏宁的垄断产生不满，都曾雄心勃勃地试图自建渠道，但是在市场效率无法提高、产品和品牌无法获得高溢价的情况下，渠道成本难以做到大幅缩减，在效率面前，品牌企业不得不逐渐放弃了自建销售渠道的努力，以求与国美、苏宁达到一种利益分配上的均衡。

事实上，对客流的有效控制只是一个方面，无论是家电卖场还是家居卖场，当初成功的基础很重要一点也是建立在价格优势的基础上，由于大卖场的集团采购优势，并且动不动大打价格战，那些中小卖场是吃不消的。加上其购买体验等环节的创新和优化，能够快速获得消费者的认可就显得顺其自然。

站在今天看，除了技术手段的提升外，电子商务在崛起的过程中和当年的大卖场采取的路径其实是如出一辙。即：一方面是通过电商平台逐渐挤压、抢占大卖场的流量入口，一方面则以低价迅速获得消费者的青睐。这两大武器，和以前卖场的手段有什么本质区别呢，核心仍然是效率的提高带来的模式变革。

刚开始时，对于家居家装电商平台而言，因为购物体验、信用体系、物流体系和社会服务体系的不足或者缺陷，主流消费群还没大规模在网络购买家居产品时，电商平台推进家居电商化是很艰难的。随着与互联网一起成长的消费者（现在的80后、90后逐渐成长为消费者的主流），逐渐成为家居产品的消费主流时，网购规模自然开始野蛮生长。

很明显，如果没有电商平台的出现，这些体量超强的大卖场仍然是汇聚线下消费者的主要渠道，当然，没有电商渠道，可能也会出现更高效率的渠道平台。因为电商平台出现了，对消费群进行了分流，线下渠道自然会遭遇经营的困局。

线下渠道的流量逐渐减少与线上渠道的流量不断增加，什么时间才会达到一个平衡点，现在看，还没有时间表。

泛家居行业作为一个庞大的产业，有着数万亿的市场份额，被资本推动，或者已经积累起巨大势能的电商平台，已经闻到了血腥的味道。

我分明听到了骨头碎裂的声音。

第二节 线上侵蚀线下，不断听到骨头碎裂的声音

根据艾瑞网的数据统计显示，2013年中国电商交易额超达10万亿元，同比增长21.3%，其中网络零售达到1.8万亿，中国成为名符其实的全球第一大网络零售国。另外，根据电子商务研究中心最新发布了《2013年中国网络零售市场十强榜单》显示，天猫商城排名中国网络零售市场第一位，网络购物交易市场份额占据50.1%，占去了网络零售市场的半壁江山，而处于第二位的京东占比也达到 22.4%。

从以上数据可以看出，天猫和京东已经成为目前电商平台的执牛耳者，两家电商平台占去网络零售的三分之二强，寡头效应已经显现。根据市场竞争规则，老大跟老二之间的竞争最激烈也最具代表性，未来电子商务平台的

2013 年中国网络零售市场十强榜单

排名	网站	市场占有率
1	天猫	50.1%
2	京东	22.4%
3	苏宁易购	4.9%
4	腾讯电商	3.1%
5	亚马逊中国	2.7%
6	1 号店	2.6%
7	唯品会	2.3%
8	当当网	1.4%
9	国美在线	0.4%
10	凡客诚品	0.2%

竞争更多体现在这两大平台上，以黑猫为标识的天猫和以金属狗为标识的京东引发的"猫狗大战"，未来将会是长期的缠斗格局，同时，这两家电商平台又以巨大的势能抢占线下市场份额。所以，要分析电子商务平台的格局，离不开对这两家电商平台的分析。

平台电商能冲击什么

这两大电商平台，首先都具备庞大的线上引流优势。天猫本身作为一个 C2C 平台起家，目前，它在网上的会员系统达 1.2 亿人，这是线下几大卖场远远比不上的。京东也是一样，京东以 3C 产品起家，逐渐进入到大型家电产品，并且在家电产品 B2C 领域里面已经占了 55% 的份额，所以它同样具备庞大的市场流量入口。

其次，这两大电商平台，为了配合泛家居行业的电商化，已经做了很多配套的战略布局工作。比如，京东在全国自建大型仓库和物流配送系统，目前在售后、物流的快速配送上可以说是独占鳌头；而天猫用整合的方式建立全国性的物流和服务系统，比如入股大型家电产品海尔的日日顺物流，解决了在天猫平台上大型家居、家电产品的物流配送问题。此外，阿里巴巴还与三通一达（申通、圆通、中通、韵达）、宅急送、汇通，以及相关金融机构共同组建了菜鸟网络系统，逐步提升电商物流服务品质，打造未来商业基础设施。同时又加速整合各个区域性的服务品牌，加入到它整个物流服务系统里来。

第三，这些线上平台的资金、资本优势。天猫作为阿里巴巴集团旗下重要的一支，作为中国最赚钱的电商企业阿里巴巴，资本力量不必多说。而京东也获得了腾讯的战略投资，并且已经成功上市，还整合了腾讯旗下的电商平台，获得了更多的流量入口等功力支持。

在电商平台的成长史上，通常看到的就是资本推动电商平台为了争抢用户，凶悍、血拼，不计成本，没有共赢，可以长期不盈利，以打倒一方为最终目的，赢家通吃。这种凶悍已经是线下恐龙做不到的了，即使能做到凶悍的表象，也做不到凶悍的动作了。

第四，这两家互联网公司，对互联网的理解和对未来的判断要比线下转向线上的传统企业更加清晰。说白点，就是水平更高。

但这并不是说线下就"没得干了"，线下作为消费者的体验平台非但必要，而且必须。这也是为什么在2013年天猫开启双十一活动的时候，希望借此开启家居产业的O2O模式，最后的结果是全国的19家大型卖场联合抵制天猫的双十一活动，天猫迅速放弃家居双十一的O2O活动。不是马云心肠软了，而是因为没有线下的支持，他做不到。

对于线下的抵制，只能说天猫大规模"入侵"家居卖场的时机还不是太成熟，因为卖场还具备很大的力量，线下力量在当时能够影响各大品牌厂商必须做出放弃的选择。但是随着时间的推移，电商平台力量越来越强大的时候，这些电商平台一定能够获得更大的筹码挖卖场的墙角，这个砝码将会是品牌商和线下第三方服务，这个动作，天猫是一直在做的。

新浪家居2014年6月23日相关报道：

品牌建材企业组建线上联盟探索电商 O2O 新模式

来源 新浪家居

在刚刚结束的"天猫619"年中大促消费盛宴当中，一个名为"江湖建材联盟"的组织通过采用O2O模式，结合天猫线上资源及线下推广取得了耀眼的业绩。而更为重要的是，"江湖建材联盟"走出了一条独特的O2O之路，在线下取得实质性突破。值得关注的是，"江湖建材联盟"也是天猫O2O事业部的首个建材试点项目，建材企业与电商大平台联手探索电商新模式的步伐加快。

据了解，"江湖建材联盟"在2013年9月成立，由奥普浴霸、立邦涂料、贝尔地板、德力西、TATA木门、奥朵灯饰、欧琳水槽八家品牌建材企业组建，是首个基于电商模式的互联网建材品牌联盟。"江湖建材联盟"秘书长、贝尔地板营销总监迟凯元表示，联盟的组建旨在探索出一条适合建材行业的互联网模式，并提供给消费者以经济、快捷、服务周到的建材产品。

业内人士表示，在家居建材行业，各种线下形式的品牌联盟、营销联盟已经走出了一条成熟的模式，这其中代表性有"中国好家居联盟"、"冠军联盟"等，通过品类组合、品牌联合、促销让利模式在线下取得巨大成功。但近年来，随着互联网电商的兴起，家居建材行业如何走通线上渠道成为企业的一个关键性课题。

"线上的玩法儿和线下截然不同，所以我们组建联盟选的都是在电商上有所布局，并有一定经验积累的品牌，特别要有针对性的产品线和运营团队。"在迟凯元看来，通过组建线上联盟，可以更有效的整合各自的资源优势，在"话语权"和取得平台支持方面都有着明显的优势。

"江湖建材联盟"组建后显示了强大的创新性和竞争力。2013年天猫"双十一"期间，"江湖建材联盟"尝试互联网售卡式关联营销、游戏营销形式，整体销售额达3.25亿元，"江湖建材联盟"在家居行业声名鹊起。

"江湖建材联盟"成立初期基本上还是基于线上的销售，结合天猫平台在营销手法和与网友互动方面都有着浓郁的互联网特点，走的还是单纯的线上路子。"江湖建材联盟"秘书长迟凯元表示，考虑到建材行业的特点，产品大多需要体验与售后服务，因此在2014年初就考虑采取线上、线下结合的O2O模式，这个想法也得到天猫方面的极大支持，并成为天猫O2O事业部的首个建材试点项目。

创新是互联网最大的标签，即使走O2O模式也要创新，要有点新玩法。在本次天猫619年中大促活动中，"江湖建材联盟"在江苏与浙江两个城市进行试点，线下体验与推广不单单是各个品牌的线下专卖店，而是拓展到了社区、城市商业中心，比如城市生活广场、快餐店、社区超市、水果店等。仅在江苏常州就建立多达120多个线下体验点。另外，通过O2O神器"导购宝"正式投入使用（导购宝可通过客户选择直接生成二维码，客户扫码付款），消费者可以实现快捷交易。从实际的成交结果来看，活动销量远超出预期效果，而这也坚定了"江湖建材联盟"坚持探索O2O模式的信心。

619首次试水取得巨大成功给"江湖建材联盟"以巨大信心。据悉,在天猫的支持下,目前联盟正在策划9月9日的第二次建材O2O大活动,规模将扩大到14个品类,整合14个最好的品牌,活动将在全国100个城市落地,构建1000个线下临时体验点,计划销售规模超过亿元。

此外,"江湖建材联盟"内部已经达成决议,未来将坚持走O2O之路,并加快建立联盟的长期线下体验服务店,而且会下沉到社区当中,目标是年内在全国初步打造100家,主要是在3线城市为主。迟凯元表示:"部分二线城市,大部分三线、四线城市在建材渠道布局上还会有很多空白点,而通过互联网电商的O2O模式是最好的一个选择"。

"江湖建材联盟"走出了一条品牌电商模式,通过大品牌间的强强联合与资源整合,实现了从品牌关联到店铺关联,再到产品关联,数据和流量得意实现最大限度的转化。对此,业内专家表示,"江湖建材联盟"的互联网电商O2O模式将会刺激更多的品牌企业加速布局线上渠道,并在O2O方面有更多的创新。

在天猫联手品牌商的电商运作,用导购宝刷走交易流水,以这种模式建立的各种临时体验中心,不知线下卖场作何感想。著名家居电商专家唐人在微信上淡淡的一句"这是家居企业线上的那个O,在小心绕开线下那个O所作的O2O,最终成功与否,还在于线下那个O的态度和利益。"其实总而言之，挖墙脚，天猫一刻都没消停过。

攻守之势

今天，攻守之势已然形成，这很类似于当年图书业的当当网与传统书店的竞争。当年的当当网，作为图书销售最早的电商平台，在2008年左右时，整个网络渠道大概占据20%左右图书市场零售份额，新华书店、第三极等这些大型图书卖场等占据了80%的市场份额。在这个时候，这些大型的图书卖场虽然采取守势，但凭借更大的市场份额，拥有更多的话语权，不断利用协会或者自身组织联盟，向当当网，向出版社施压，以图建立符合线下规则的价格体系。但事实发展的结果是，今天再也没有什么组织谈图书业的价格问题，因为今天，图书业攻守之势已经不存在，对某些出版商、图书而言，网络销售已经占据到了整个图书销售的50%以上甚至70、80%，甚至有的图书只有在网络上能买到，卖场已经没有了。

在家居产业，攻守之势亦如当年的图书，卖场虽处守势，但话语权巨大，但在电子商务的不断"侵蚀"下，也已经逐渐地显现出跟图书领域相同的发展轨迹，只是这个行业，未来是否因为行业一定的特殊性和行业自身的变革，迎来不一样的命运？尚未可知。

第三节　大卖场何时竖起防火墙

2013年是家居产业江湖的一个关键年份，这一年天猫的双十一光棍节将会是这个产业的一个划时代事件。它标志着家居卖场与家居电商平台的竞争从心照不宣的暗斗，变成明火明枪、刺刀见血的竞争。

作为消费者衣食住行中"住"的一部分，泛家居行业是一个传统行业，但其电商之路走得并不顺利。不顺利主要表现在两方面，一是纯电商平台要想完全介入这个行业不顺利，二是传统的线下大卖场、线下企业自建电商平台不顺利，简单说就是"下去不顺利，上去也不顺利"，但不顺利并不代表将来这个行业不会在电商上大有作为。就像过去的服装、3C、家电行业，大家都在质疑，但这种质疑并没有让电商止步，反而在质疑声中逐渐壮大，电商化程度越来越高。

只是今天，对阵双方攻守之势变了。

大卖场已经明显的处于守势，各大电商平台明显处于攻势。我们来看看从2013年"双十一"以来，对阵双方干了些什么。

最重要的一场便是文中开头所说，在2013年"双十一"期间，天猫开启泛家居的O2O方案，对泛家居行业发起挖墙脚攻势，这一行动自然遭到19家家居卖场的坚决抵制。居然之家总裁汪林朋一语道破，"天猫O2O模式是让消费者去卖场试衣服，却把钱交给天猫，从道义上说是不公正的行为。"谁愿意"给他人做嫁衣裳"呢？这样一场强奸未遂事件，给卖场自然是敲响了警钟，留下了心理阴影，对天猫而言，难道会因为卖场的大声喊叫而放弃进攻吗？

答案当然是不会，历史上这种事件没有发生过。只是作为进攻者，未来的进攻未必是大张旗鼓的竞争，也未必是大范围竞争，更多的可能是悄悄的进村，打枪的不要。把原来集中时间，集中资源的竞争化整为零，在各个局部战场取得竞争优势，积小胜为大胜，不知不觉间获得巨大的竞争优势，等卖场彻底想清楚，彻底想变革时，为时已晚了，时机已过，恐龙的灭绝或者变异便不可避免。

2014年3月10日，离2013年的双十一还不算太遥远，天猫就发动了天猫春季装修节。天猫卖家具，痛点就是体验。2013年希望通过卖场免费体验馆完成这一环节，结果不成，这一次呢，怎么解决？

天猫的打法

据《北京晨报》报道，天猫将全网独家推出"100个城市主城区免费送货入户安装"服务。在百个城市范围内，凡是在天猫上购买参加此次装修节的家具产品，都将享受按时免费送货上门、由专业的团队进行免费安装等项目，具体包括了长途干线运输、同城配送、搬上楼进入户门，并提供拆包、拼接、摆位、安装等个性化服务。

天猫家装推出的该项服务在行业尚属首例。天猫具体的操作手法是，在菜鸟网络的物流数据平台上，将长途干线的物流运输服务商、同城配送的支线运输服务商以及最终端的送货入户、安装服务进行链接和整合，实现干线支线安装打包一体化的服务模式，对于物流质量和终端服务质量有着最大的控制和监督作用，把网购家装"最后一公里"和消费者安装的难题一揽子解决掉，从而提升购物体验。

现在基本可以判断爱蜂巢体验馆失败后，天猫一直都没放弃解决家装用户的体验难题，现在研究天猫家装的整合思路，主要就是整合第三方服务资源。从天猫家装馆有关服务和整合各地资源的条款，就能明显看出他们的努力，虽然这种第三方服务还不成熟，天猫也无法把控服务质量，条款也还显粗糙，但这种努力将会加快天猫业务增长是一个不用怀疑的问题。

最近一次，也是比较有代表意义的动作，就是上一节分析的品牌建材企业组建线上联盟探索电商 O2O 新模式。表面上看，这是企业实践 O2O 模式的自娱自乐活动，实际上，背后的真正推手显然是天猫，如果这一模式成功，也能够给企业带来实实在在的增量的话，类似模式将会在更多的品牌企业里展开。

这里分析的还只是天猫平台，如果把其他事件联系在一起，比如美乐乐的定位已经从家居电商品牌向家居电商渠道平台进化，体验店从 500~600 平米的单个品牌体验店到第一家 6000 平米、容纳众多品牌的中型体验店过度；大型电商企业齐家网从团购向平台转型，同时开始建立、整合各大卖场进行 O2O 模式的试验；一起装修网等其他家居垂直网站的不断发展，京东与新浪家居的联姻，品牌商不断自建 O2O 电商，打通线上和线下的渠道体系。

一切的一切变革，所有的动作，蚕食的都会是原来各大卖场的份额。痛，焦虑，迷茫，我相信这是大部分卖场的困境。

卖场如何应对

目前，在泛家居的四大线下平台中，苏宁、国美、红星美凯龙、居然之家都开启了电商之路，虽然走得步调不一致，走得很艰辛，但还是不遗余力地进行探索、试错。这是一种补足短板的竞争策略，电商线上优势大，但线下没有体验。各大连锁卖场企业，就试图利用开启电商模式，用电商对抗电商。

这四大线下平台，苏宁是走得最彻底的一家。但到今天为止还不能说苏宁的转型是完全成功的，因为到目前为止，苏宁的线上业务虽大有起色，但仍在大力投入。据苏宁云商公布的业绩快报显示，2013年公司实现营业收入1054.34亿元，较上年同比增长7.19%，但综合毛利率只有15.21%，同比下降2.55个百分点。作为家电零售业的老大，苏宁在推进O2O方面的大力投入让其牺牲了短期利润。这种牺牲，在探索期是正常的。

苏宁提出了"一体两翼互联网路线图"，"一体"就是以整个零售电子商务化，实现互联网零售为主体，所谓"两翼"，这是指苏宁打造线上线下一体化的O2O全渠道经营模式，以及线上线下的开放平台，也就是说，苏宁的未来不是电器零售的代名词，而是拥有上千家线下互联网体验店的天猫。按照现在苏宁的品类，就已经覆盖电器、母婴、图书、家居建材等。所以苏宁的进化，是从单一电器产品向综合电商平台演进，原来的门店劣势，将会变成它的体验优势。

张近东在回答《21世纪》记者提问时，在比较传统电商和苏宁模式时说，两种模式存在根本性的差异。互联网零售的最大特点是平台的辐射半径越来越广，商品极其丰富，这是传统零售无法企及的。不同于很多企业的电子商务，苏宁的互联网零售是苏宁的商务电子化的过程，这也是我们没有因为发展电子商务而把实体零售店砍掉的原因。互联网技术是先进的生产力，也会构建新型的生产关系，我们要好好利用它，并加以引导规范。

为实现苏宁线上线下一体的 O2O 策略，苏宁在各个方面都进行了大的调整，因为调整，2014 年，苏宁遭遇业绩下滑，利润大幅下滑的压力。

但我相信，苏宁对电商化的理解透彻，执行最彻底，虽然现在面临诸多困难，但事实上苏宁是离互联网转型成功最近的一家之一。

国美也在做适合自己的电商化探索，但相对而言要晚一点，从国美电器 2013 年业绩解读会上透露出来的数据来看，国美的电商业务在 2013 年收入中的占比仅约 5% 左右。从网络零售市场占有率排名来看，2013 年国美在线仅以 0.4% 排在第九位。

苏宁和国美虽然变革进度和深度都不一样，但很显然，与红星与居然比，他们领先的不是一点点。苏宁通过彻底的商务电子化变革，已经变成了拥有门店优势的 O2O 模式电子商务公司，与天猫、京东的竞争，已经变成电子商务公司的效率和体验竞争。而国美，将会在专业化上更进一步。

以居然之家和红星美凯为代表的传统家居大卖场是家居建材领域的真正"大佬"，由于他们的产品更多是纯家居、建材产品，所以在电商化的探索上要比家电走得相对晚一点，并且探索的深度还远比不上苏宁、国美，他们现在感受到电商平台对其未来发展的压力要比苏宁、国美更大些，也不得不努力探索适合自己的电商模式。不过，目前来看，红星电商平台，不管是"红美商城"，还是后来更名星易家，以及居然之家的"居然在线"，都已经运行了一段时间，离盈利差得远，离成功差得更远。

红星美凯龙一方面在红星美凯龙卖场主打高档产品，而电商平台星易家定位为经营中档的家具、建材，配以丰富的家居生活用品。主要包含 B2B2C 平台、B2C 平台、O2O 团购、资讯平台等几大业务模式。表面上看，这解决了短期的阵痛，但从长期看，红星电商仍然是两张皮，没有解决 O2O 模式的融合问题，没有解决线上线下一体化问题，这就犹如有座宝山，大家都听说有宝，于是各路大侠，都要进山寻宝，来的人越来越多。最后发现，宝山的主人守不住宝，来的人多了，摊到每个人头上的宝也不多了。最后因为信息不透明，来挖宝的人络绎不绝，只是害苦了守山主人。

居然在线于 2013 年"双十一"上线，初衷有四大描述，即同一经营主体、同一产品、同一价格和统一服务四同策略，首开北京站。这是非常好的模式，将整个居然卖场电子化，遗憾的是，直到今天，没有进一步的动作。

在家居卖场，虽然两家公司都开设了自己的电子商务网站，但我认为，两家都没有建立起自己的网络防护墙，仍然门户大开。天猫除了自己的短板还不能迅速弥补外，对于挖墙进攻战术来讲，利好仍在，卖场软肋没有加强，门户仍然大开，还可以畅通无阻。

当然，这也不是说卖场会被迅速打垮，主要看双方的进化速度。在美国这样一个零售相对中国要成熟的市场中，前十位电商平台有 9 家是传统零售商做的，只有一家亚马逊是纯电商平台。而在中国恰好相反，排名前十的电商企业，纯电商占了 8 家，传统零售商转型的只有两家（苏宁易购与国美在线）。这可能归结于美国零售市场相对成熟稳定，线上线下价格体系本身就是一致的，呈现系统比较完善。中国传统商业系统的渠道中间环节过多，信息不透明导致线上线下差异过大，这给与了线上电商平台更多的机会。

　　要清楚电子商务化、企业的信息化、企业的互联网化，其竞争最大利器都是效率的提升。卖场要建立自己的防火墙，最有效的办法就是线上线下一致化，换句话说，透明了，卖场的对手主要是自己，自己革自己的命；不透明，对手更主要的是天猫等电商平台，别人来革你的命。不管卖场也好，还是电商平台也好，基于效率的竞争，最后每种类型的公司都必须基于自己的优势，在透明化的前提下不断降低自己利益链的成本，提高效率，这是最大的防火墙。

第四节　所谓闭环

　　互联网企业都比较喜欢谈闭环，似乎只有这样，才能形成自己的商业模式，无闭环，不商务，无模式。但对于家居卖场来讲，实现线下能上线，核心在于实现卖场商务电子化，如果实现了卖场电子化，自然就实现线上线下一体化，这就是上一节讲的防火墙。

　　如果卖场实现了防火墙，卖场如何面对竞争，如何发展？

对消费者不存在所谓闭环

　　首先一点要明确的是，实现卖场的电子商务化，从而实现线上线下成功融合，对于家居产业，不存在打造闭环的问题。

　　因为消费者获取信息的渠道很多，根据竞争优势原理，这个时候如果线下的产品和线上的产品不具备产品差异化，而又存在巨大的价格差异的情况下，消费者的选择那就很明确了，一定是找更便宜的地方，因为同样的产品和服务，线上的便宜为什么要去线下买呢？

还是以最早被革命的图书为例，现在新华书店售卖的图书一般来讲是全价，而同样的产品在网络渠道购买是7折左右。消费者很容易查询这种产品的价格差异，一般而言，除非对价格不敏感，或者说那些还没有接触过互联网的老人们，可能在逛新华书店的时候会买一些书。也可能是等飞机、等列车的时候为了消磨时间逛书店买一两本。这个消费群体大部分是企业高管和年纪比较大的人。

以80后、90后为主的消费中坚，他们非常注重价格，基本上不会在实体书店买。因为，到目前为止，即使是在机场、高铁站这种相对封闭的商业环境，也很容易实现手机购物，智能手机的出现宣告了移动互联网的到来，消费者在书店看到喜欢的书很容易即刻购买，等回到单位或家里拿到书再读。即使纯粹为了消磨时间，一般而言也可以在网上电子书城低价下载到他们想要阅读的电子书。

从这个角度讲移动互联网的发展彻底打通了线上和线下的有效结合，为消费者提供了更直观的选择和更便利的购物，这个时候如果线下的平台还固守传统的方式，线下的价格不仅远远高于线上价格，服务体验也没有不可替代的情况下，线下在面临纯电商平台的进攻时，就毫无还手之力。

因为线下运营要大量成本，包括租金、管理、员工工资等。所以我们考虑的第二个问题，如何降低线下的运营成本？

线下的经营成本里面，如果是租赁物业则有场租，如果雇佣了大量员工那么有团队的工资成本和管理成本，如果要打造线上平台那么现在还增加了电商平台的运营成本。无论如何，所有的线下卖场最重要做的就是如何降低运营成本，把运营成本的降低最终转化为产品价格的降低，才有资格跟线上进行拼杀。

换个思维，假如说在价格差异不太大的情况下消费者还乐意去线下购买，那么线下一定是提供了更多的线下体验、产品安装和售后服务。因为即使产品价格比线上略高一点，但是这种价格上的差异起码可以用消费者能够到现场做体验来弥补。

这也是为什么现在很多书店都倒闭了，但那些提供休闲或者能让人心灵休憩的书店却没有倒，在北京有几家这样的书店，比如单向街、三味书屋、万圣书园，这些书店所出售的图书从来不打折，但顾客还是络绎不绝，因为很多人不是冲着价格来的，而是冲着这种场所能给他们带来一些不能用价格买到的体验和休闲。

所以，线下如果要完全和线上接轨，能够同步最好，不能同步它的差异一定要体现在线下的增值部分，这个增值部分是线上提供不了的，如果同样的产品，非但服务与线上没有差异性，而且产品价格还高于线上，消费者自然会选择线上交易。

如果说以前线下的大卖场通常是通过线下的自然流量和口碑来获取这种销量，那么新的情况下如何利用互联网的平台获取新的流量，就是要做增量，虽然产品的价格降低了，但是产品的体验和服务增量上去了，就有可能弥补价格上的损失。

如果价格下降了，利润要保持或者增加，要么销售额扩大，要么降低运营费用，或者两者兼备，那么线下卖场就具备了优于线上的效率，具备了相对竞争优势。因为相对过去通过赚取价差盈利的商业模式，其单品毛利要远远高于体验、服务带来的毛利收入。

那么提高销量的方式有哪些呢？首先，要把线下的顾客流量利用好，将它的价值最大化，做好口碑、做好服务、做收益的增加；其次要把线上竞争对手抢走的流量抢回来，通过自身实现线上引流，这样才可能扩大单店的销量。就是卖场要增强线上流量经营能力，这种经营能力是一种数字营销能力，核心目的不是线上引流，形成电商平台所谓的闭环，而是给线下引流，用线下体验优势来获取消费者的认可。

线上变革须以线下为基础

这里的核心，就是线上平台的革新还必须以线下的店面为基础，单独做平台的都死了，或者没有价值，变成烧钱机器。

苏宁、国美做电商起步早，刚开始也是希望做独立电商平台，结果发现行不通，迅速回归或者收缩，变成与线上线下链接互通模式。红星美凯龙、居然之家做电商，还在尝试阶段。

案例分析：红星美凯龙

红星美凯龙是中国家居行业第一卖场平台。2012年8月，红星美凯龙旗下红美商城宣布开始公测，逐步投入运营。商城的业务主要分为三大体系：包括以家居建材产品为主的在线B2C平台业务、以家纺家饰及小件家居用品为主的线上闪购业务和家居用品的团购业务，分别对应页面顶端的"商城"、"抢购"、"团购"三个入口。

据媒体报道，经历"表现平平，业绩不佳，换帅裁员"，红星美凯龙的电商平台最终改版后更名星易家，原有2亿元投资被疑"打水漂"。红星美凯龙线上业务的失败，主要原因是线上与线下没有实现很好的联动和融合，线下品牌的优势以及供应商资源无法在线上得到很好的利用，从而对消费者的吸引力不够。

由红星美凯龙案例可以看出，将来的泛家居行业，无论是线上优于线下，还是线下优于线上，一定是无店不商。只不过，现阶段该行业的电商化还处于逐渐完善的过程中，而传统的商业模式转战电商时，不是照搬过去的传统操作路径，就是照搬纯电商平台，所以导致失败并不意外，但泛家居大卖场在试水阶段遭遇的失败，并不代表这一趋势在未来发展没有前景。

目前在这场竞争中，家居卖场线下的"O"要当蓄水池，即消费者的体验场所，像红星美凯龙、居然之家这种遍布全国的几百家门店都可以为消费者提供相关配套的现场体验、物流配送和售后服务；线上的"O"要做展示平台和引流器。在这个平台上一方面可以聚合各种产品信息，让消费者可以更方便的进行在线选择，另一方面可以通过一些在线专业指导给消费者一些装修、装潢等方面的建议，这样可吸引到消费者的客流。当然，它可以具备成交功能。

所以对线下的实体店而言，一定要利用线下的体验优势，这个优势在短期之内纯电商平台是无法具备的，或者说它们根本没有机会具备这么多店面。因为这些线下店面是大型卖场经过10年、20年甚至更长时间逐步发展起来的。即便有资金实力，这些纯电商平台也没有可能用极短的时间来发展线下体验店，因为这些大的纯电商平台基本上做的都是综合性的电商，想要形成和线下一样规模优势的卖场平台，其管理经验、人员素质和对线下生态的熟悉，都不是一朝一夕可以完成的。而且对于家居电商来说，最难解决的问题在于用户的线下体验和售后服务，家居是一种耐用型产品，因此相对3C、服装等行业，家居电商的发展往往会更依赖于线下实体店。

如果要做好线上的"0"，卖场需要进行一场组织的变革。要从商业地产思维转变为以消费者为中心的零售思维，并在组织、商业模式上进行有效变革。如果能以消费者为中心，卖场就可以围绕消费者进行服务资源的整合，将会大幅提高消费者的用户体验，大幅提高效率，并且将价格降低的损失从其他价值链环节得到补充。

这项整合对于传统的线下卖场而言要比线上平台下来要容易，因为线下的卖场天然具备进行区域整合的基础，像红星美凯龙、居然之家之类的大卖场，在每一个区域市场的卖场，都能实现以区域店面为核心，将卖场的服务、体验价值做到极致，就能提升整个产业链的效率，同时也提升了卖场的价值。

O2O

第七章

基于线上、线下引流的精准营销与社会化传播

消费需求，把握精准营销

大数据时代，消费者信息已经成为主导整个产业成败的关键，谁抓住了消费者真正的需求，谁就能够在这个时代胜出。

消费者信息重要性的凸显，宣告消费者主权时代的到来。未来，企业的竞争归根结底是对消费者的竞争。

正如维克多·舍恩伯格在其经典著作《大数据时代》中对商业变革所作的阐述，"大数据发展的核心动力来源于人类测量、记录和分析世界的渴望。信息技术变革随处可见，但以往的信息技术变革的重点在技术上，而非信息上。现在，我们是时候把聚光灯打开转向，开始关注信息本身了。"

舍恩伯格强调互联网发展到今天，信息对过去商业规则的颠覆将会以加速度的方式向前推进，未来企业完全有可能用大数据把握前沿消费需求，完全有可能用大数据化解市场危机，完全有可能以大数据为支撑实现精准营销。

这种可能性对商业模式及品牌传播方式提出了新的挑战，不管对品牌厂家、电商平台，还是对线下各种经销商渠道、零售终端，商业生态中的每一环，基于大数据对消费者真实需求的预测、对消费者消费行为的了解，进而对关键消费者的有效广告投放，社会化传播，都将成为企业未来能否胜出的关键。

第一节　互联网时代的消费者在哪里

互联网发展到今天，一方面，数据的存储和应用具备了分析消费者消费行为的基础条件。另一方面，80后、90后日渐成为当代商业的主力消费群体，他们对互联网更熟悉，更习惯通过电商平台购物。所以，未来如何利用好互联网时代的大数据对消费者进行定性、数据化研究、分析，会帮助企业更好地解决"我的消费者在哪儿？""我的消费者需要什么？""我的消费者喜欢什么？"

这也间接加速了消费者主权时代的到来。过去企业采取大规模生产，消费者可选择的余地很小，而现在消费者可供选择的产品和品牌很多，并且在各种互联网工具下很容易对产品进行各方面的权衡对比；过去企业是一条至上而下的供应链：从材料采购到产品制造，再到品牌商，然后从品牌商到各级销售商、终端零售店。品牌厂家及其下游经销商通过广告或其他营销手段逐渐将产品推到消费者手中。而互联网的出现，尤其是近些年电子商务对整个产业的渗透，使得消费者的发言权越来越大，消费者不再是供应链中被动接受的末梢一端，而逐渐影响到企业产品设计、产品开发、产品定位、产品销售等各个环节。

简而言之，在消费者主权时代，消费者对产品、品牌的概念和接收程度发生了很大的改变。以往由企业决定产品设计和使用大面积广告铺张进行全球化销售的模式正在改变。

从近年来服装行业诸如 ZARA、H&M 等快时尚品牌的崛起看出，消费者对个性诉求要求更多更高。快时尚品牌的崛起，反映出消费者对于新的个性化消费品牌的渴望，他们渴望能够和更多的时尚品牌建立起个性化的联系，而快速小批量的产品推出方式也给了消费者更多的选择空间。

ZARA 从设计到推出新款最短只需 6 天，一年可以推出 12000 款新服饰，而传统的服装企业要完成这个过程至少需要 60 天左右。ZARA 为什么能做到这点？因为 ZARA 能预测消费者的喜好，并将产品在合适的时间和合适的地点销售给合适的消费者。ZARA 通过其分布于全球各地门店的信息系统对每一件销售出去产品所处的地域、时段、客户等数据进行预测，并且经过自动化程序分析总结出顾客的消费喜好，作为产品的生产决策的依据。

过去的商业模式是规模化大生产，通过规模化大生产来降低成本，获得市场优势。而未来的市场更像是赛斯·高汀在《部落》中提到的部落，企业所面对的不再是消费需求并无二致的一群人，而是几百个甚至上千上万个有着不同消费诉求的部落。如何满足这些有着鲜明个性需求的部落消费者，就要求企业在生产的模式和服务的模式上进行变革。

过去和现在截然不同，过去企业不需要如此详细地了解消费者，而今天，如果不了解消费者，在未来是不可想象的。如何去了解消费者呢？互联网为我们提供了大量庞杂的数据，这些数据是我们了解消费者的基础。而数据是原始和零散的，只有过滤和组织后才能成为信息，将这些经过过滤和组织后关联信息进行整合，则成为企业所需要的决策依据。

可以从以下几个维度对互联网时代的消费信息进行过滤和组织。

消费者的地域属性

对中国这样一个庞大的市场而言，因为地域的广大及每个地域都有其较为独特的文化，具体到消费领域，就是在吃穿住行上，在对各种消费品和服务的偏好上，都有其地域文化属性。

就本书主谈的家居、建材来说，北方天气干燥、偏寒冷、夏季偏短，和南方常年高温、潮湿的气候截然不同，所以北方和南方对木材材质的要求和加工的要求都会不一样（包括对家居产品组装胶的使用都会有差异）。这种地域的差异自然对产品的属性也提出了要求，所以企业要重视消费者地域属性的研究，在未来这种重要性更加凸显。地域属性是未来企业能否理解消费者、抓住消费者最重要也是最基本的维度之一。

企业在进行产品开发和设计的时候就也要考虑产品的目标消费人群的地域属性、目标市场的地域属性，这个区域具备怎样的地理和文化属性。

每个区域的人文风俗习惯不同，包括饮食的差异，方言、口语等文化习俗的差异，都会间接影响企业的生产、销售决策。如果企业能够更好地掌握目标消费人群在全国不同地域的地域属性，对于企业更进一步分析该地域人群的消费心理和消费习惯，进而配备受该地域青睐的产品和服务，对其销售会大有裨益。

对互联网而言，企业通过网络平台不难知道每个区域的消费者概况。企业可以通过 IP 地址，COOKIES 等网络工具来了解，在某一时段时间内哪个省，哪个市，哪个地区网络人在上网，还可以根据每个地域的消费者总结出每个地方上网人群的上网习惯和消费习惯，这一切都将会在法律允许的范围内进行。

消费者的网络行为

这一点很重要，因为每一个消费者打开网页选择关注的产品不一样。一个将要当妈妈的年轻孕妇，这时候感兴趣的可能是阅读母婴方面的文章，了解婴儿的生产、教育、养育等方面的内容。而正在给孩子买纸尿裤的人，可能已经是婴儿期的母亲，给孩子买书刊的人可能是孩子幼儿期或者少年期的母亲。所以，通过这些网络群体对母婴内容相应的关注，大致可以判断，这个母亲处于什么样的年龄、处于什么样的需求状态，她将在怎样的状态下购买什么产品。

有这样一个有趣的、令人啼笑皆非的故事：一天，一个父亲在家里收到了一个促销的信息，希望他购买婴幼儿产品。这个父亲很纳闷，自己家中只有一个女儿，怎么可能给自己推荐买婴幼儿产品呢？他以为是对方搞错了，但过不了多久他生气地发现，他的女儿怀孕了！原来，一个专门从事孕婴类产品的网络公司通过了解他女儿的购物行为，了解到了他女儿的消费需求。

平常这位小女生都是通过网络购买卫生巾等用品，一般来讲一个月要买1到2次。可是有一天这家网络公司突然发现这个女孩有两个月的时间已经没有购买类似用品，而是在了解一些关于母婴类的知识，同时也在阅读关于孕妇保养的一些知识。他们据此判断可能这位年轻的少女现在正处于怀孕的状态，所以才给她家里面寄了这样一个促销信息。

这个故事说明了什么？利用大数据可以使营销达到精准。

同样，我们还可以通过网络群体关注足球、篮球体育运动，或者关注时尚、时装、财经、军事等内容，总之可以通过他们所关注的内容，基本可以判断他（她）是什么性别、他（她）处于什么样的年龄、他（她）的兴趣爱好是什么，以及收入水平，这些信息都有利于企业采取营销动作。

在目前的网络科技水平下，企业完全有机会通过对消费者上网查阅内容、上网购物行为留下的痕迹，阅读习惯等，来了解下一步消费者可能会购买什么样的产品。

对于企业来讲，如果企业在这一个环节洞察消费者，能够预见在未来消费者购买什么产品，这一定会大比例地缩减企业的广告成本，企业也不需要面对茫茫大海的消费人群进行广告投放，因为企业只要对这部分经过分析和判断的消费群体进行投放就可以了。

根据一个人的兴趣大致推断出，要给他推介一个什么样的产品，通过与第一个维度（地域属性）的结合，企业可以更清晰地判断出产品的目标消费群体在哪儿。

80后、90后已经成为这个时代的消费主力军，他们中的大部分都习惯网络阅读、购物等网络生活，无论是通过 PC 端的互联网，还是通过手机端的移动互联网，总之他们随时随地都可以阅读、购物。对互联网消费者来说，购物是一种很重要的研究途径，对于一个网络消费群，如果我们能够通过观察他们的购物习惯，进而判断出他们属于那个地域的人，有什么样的消费观念，主要需求什么商品，这无疑是分析消费者的一个重要维度。

购物行为就像在涨潮过后的沙滩，当海水把沙滩全部抹平以后，一个人赤着脚走过这个沙滩，这个人在沙滩上会留下脚印，由这些脚印我们能判断出什么呢？我们虽然不知道这个人是回家了还是去了别的什么地方，但我们可以通过脚印大小、力度深浅判断出他是男孩还是女孩，我们还可以知道他往哪个方向走了，通过他行走时的脚印轨迹也许还可以判断他的心理状态。同样，如果企业能够对消费者的购物行为和浏览行为进行分析、判断，对其产品销售会起到事半功倍的效果。

持续关注消费者

我们每一个人，在网络上阅读也好、了解信息也好、购物也好，玩游戏也好。如果只是偶尔的单次行为，并不足以构成企业对消费者的基本判断，所以企业需要长时间来观察消费者，以便对消费者进行相对完整的描述。或许观察到一个人连续三天的习惯还不够准确的描述这个消费者到底是一个什么样的消费者，但是连续观察10天、20天、一个月，基本可以判断他处于什么年龄、是什么性别、什么样的收入、什么样的购物习惯，及未来可能会购买什么。

综合以上三点，分析网络消费者的维度，虽然并不能全面、及时把所有的维度都用到，即便所有维度都面面俱到，也不一定可以对消费者进行完整的描述。但通过对消费者在地域属性、兴趣、购物方式上的长时间观察，一定对企业了解消费者大有裨益，如果企业能够借此锁定自己产品的消费群体，那么无论是对企业广告投放，还是对企业整体的营销战略，都很有启示。

第二节　基于网络的消费群体竞品广告投放策略

消费者网络行为

消费者在购买产品前，往往要经历如下的购买过程。你可能因为即刻需求想购买一个产品，比如洗发水用完了、马桶坏了、或者突然兴奋想看一本书，想喝一杯咖啡或一种茶，或者是经过长期的犹豫后，下决心要买一个高档化妆品或一辆车。无论是哪类产品或服务，这个消费念头的产生总是通过外界的触动，否则头脑不会立即产生条件反射。这个反应是通过某种形式的广告获得了对产品的信息？还是在周围的人之间口口相传，获得了好感？

无论是通过外界接触，还是对那种产品或服务消费意识的产生，作为一个理性的消费者，接下来就会对产品进行搜索和了解，通过对同类产品的价格、质量、售后服务等各种差异进行对比后才会产生购买。

对企业而言，消费者购物前的这个细节非常值得关注，或者说，在电商时代，这个环节必须引起关注。因为看似无意识的一个购物前环节，接下来会产生两种可能，一种可能是消费者在网络上搜索产品时，看到 A 立马决定要买 A；另一种可能是消费者分析出可能要买产品 A 的时候，在还没完全下决断要买 A 时，这个时候 B 产品展现在了消费者面前，告诉消费者 A 固然可以，但是 B 产品也有很好的优势（比如价格、质量、效果等），也许能够更好的满足消费者的需求。

通过对这个细节的观察和注意，企业可以通过追踪产品在那些消费群体上发生了变化，从而把他的广告投入到目标消费群体上，通过对这个环节的把握，企业会实现广告的精准投放。

利用相关性做图书投放的效果

2008年，宋鸿兵的《货币战争》在当当网上很火，自从出版以来，连续一年蝉联经管类图书排名第一。

对于购买《货币战争》的消费者，我们要分析他们的属性。首先，我们判断凡是购买《货币战争》的人即便不是财经从业人员，也大多对财经感兴趣；其次，凡是购买《货币战争》的消费者，在当当网上都留下了自己的购物清单。据此，可以推断出，凡是购买《货币战争》的人，也同样具备购买郎咸平的《谁都逃不掉的金融危机》这本书的可能性。

商家通过对消费者的研究，决定了凡是在《货币战争》出现的地方，都会出现郎咸平的《谁都逃不掉的金融危机》的图书展示。当然，出现在《货币战争》这本书旁边的不只《谁都逃不掉的金融危机》一本，还有很多其他出版社的类似财经图书，但《谁都逃不掉的金融危机》摆在最好的位置。通过对类似的图书进行竞品分析，果然获得了非常好的销售效果。这就是依靠电子商务开展的图书竞品策略，对同样类型的产品消费者可以买 A 也可能买 B。对于图书而言，买 A 的时候不仅可能会放弃 A 买 B，也可能是买 A 的同时也买 B。

对于泛家居行业的产品，消费者在购买前也存在这样一个问题，一个是消费者在进行搜索行为之前后都有可能迅速的产生购买行为，那么对 B 产品来讲，如果再次投放到这样一个消费群体，那广告可能是没有意义的。因为家居、建材毕竟不同于图书，消费者在买了 A 之后选择买同类 B 的可能性就没有了。

家居产业如何投放效果最佳

对泛家居产品而言，在具体的广告投放策略上不能盲目，凡是搜索过 A 产品的人，有这样购物可能性的人，他（她）可能买，有可能不买。我们在广告的投放上可能采取先对这样人群进行试投，然后测试哪些人群对产品不感兴趣。第一种情况可能是没有真实的需求可能不感兴趣，第二种情况是他购买了以后不感兴趣，第三种情况可能是对你产品产生了兴趣，也了解过这个产品，但是现在还没有即时的购物需求。

这个时候我们就可以对第三种可能性消费群体进行二次的广告投放，加速这些人的购买决策。根据维克托·舍恩伯格在《大数据时代》书里面提到了相关性法则，A 产品和 B 产品之间不是因果，更多的是相关性。当然，我们把消费者选 A 还选 B 放到更大范围，更长时间轴上来看，总体上还是一个大的因果关系，表面上看 A 和 B 之间是一种并列的相关关系，但是背后是决策时间的长度，仍然是一种因果关系。

所以，我们可以通过对竞品分析，及前面提到的几个维度来锁定互联网的消费人群。消费者到底具备什么样的属性，这种属性到底能不能对企业的产品产生购买行为。如果我们通过这些维度来锁定和筛选最后的目标人群，并做出精准的投放数量和投放频次控制，就会以更小的投入获得更大的回报。

比如，某个实木家居品牌，这样的一套家具可能要上 20 万。全国有 6 亿互联网人群，最后通过数据分析筛选出来的可能只剩下 200 万，但这 200 万就是企业的消费目标人群。那这个时候就很清楚了，我们的服务对象主要是这200万目标人群，虽然不排除这200万以外还有一部分是这个家居品牌的消费人群，但大部分的目标人群已经被圈定在这个"网里面"了。

利用互联网消费的特征去分析企业的消费人群很重要，但如何最终实现，还需要具体分析。下一步就企业如何通过大数据、云计算和具体的算法来实现对这些人群的追踪和搜索，以便最终实现广告与真实潜在消费群体的匹配，并且这种投放是变动的。

第三节　传统的广告投放模式的没落

找到你的互联网消费者

今天，消费者在网络上变得如此重要，在过去可以讲，没有消费者对企业的支持，企业是无以生存的。而现在可以这么讲，没有互联网消费者对企业的支持，企业就是死路一条。正如海尔张瑞敏在推动海尔集团整体进行互联网升级的信号时强调，"在互联网时代，外部的变化非常非常快，如果你还是追求传统时代企业的均衡就是等死，这个时代一定会把你扔掉。"

在互联网时代，对于企业来说，能够精确的找到产品的目标消费群体，并且能够为这个目标群体在合适的时间和合适的地方投送合适的广告，那么这个企业在未来将会具有更大的竞争基础和发展空间。

问题的关键是，互联网就像大海，而在互联网中寻找目标消费者就像是大海捞针。企业通过什么方法找到呢？其实找的方法对企业来讲并不是很陌生，只是说我们在这些方法里面如何筛选出价值最优的、具有互补性的，而不是冲突性的广告投放方式。

假如我们能寻找到这些消费者，并能够与消费者建立起一种常规的联系和互动的话，我们的寻找行为就会变得非常有效。

广而告之浪费了多少银子

现在寻找消费者的方式大部分还是采取"广而告之"，所谓"广而告之"，可以泛指一切不针对特定对象的公告。这种传统的方式，很多企业过去、现在都在无意识的运用。但是这种运用并未与互联网的特点无缝对接，也没有达到一个最合理、价值最优的状态。

当然，这种"广而告之"在投放人的心中也是经过了一定的分析，也有一定的目标诉求。但是这种诉求在今天的泛媒体时代已经失效，除非你的钱多到可以不在意浪费，那这种地毯式的轰炸也会有效果，只是效率太差，不符合做企业的本质。当然，现在资本的进入，已经让很多经营活动短期偏离了经营的根本，这是用资源来换时间的新玩法。

中国人最熟悉的广告投放——央视的《新闻联播》就是很典型的一种"广而告之"的投放方式。对于央视这样一个平台，在这样一个栏目的时段里面，节目的观众基本上是从10几岁的少年到80岁的老人。

在这样一个覆盖广大的观众群体里，企业希望通过"广而告之"的方式，让那些有可能成为产品目标客户的群体，通过看见广告了解到我们的产品信息，进而开始产生消费念头和行为。这种方式是用一张很大的网去筛选目标消费者。做这样的广告投放的企业必须需要具备极大的资金能力，如果不具备这样的资金能力，这个网都撑不起来。如果企业具备足够的资源，这种投放的方式对目标消费群体的覆盖是全面性的，但由于接触的深度不够，所以浪费很大。可能在这个上到80岁下到15岁的《新闻联播》观众群体中，你的目标消费群体只占其中的1%，可是你为99%的人群都支付了广告的费用。

在以前，采取广而告之的方法，除了要具备强大的资金实力，还需庞大的地面执行能力，也就是我们常说的"铺货"能力，这对渠道是一个考验。宝洁公司曾说过：你有世界上最好的产品，有最好的广告支持，如果消费者不能在售点买到它们，就无法完成销售。只有消费者在终端售点见到产品，才有购买和消费的可能。

而对终端售点的覆盖，在中国这个地域庞大的市场中，需要很强的渠道能力。这种渠道不管是传统的线下渠道还是网络分发渠道，都是必不可少的。也就是说，通过这种大面积的广告宣传之后，企业的产品的落地能力也要非常强大。如果企业不具备这种产品的落地能力，通过大面积的"广而告之"的广告投放，最后可能产生的购买行为无从承载，这就让更多的钱打了水漂。

在这方面最值得借鉴的就是健力宝第五季，2003年年中，健力宝集团加大投入为其新产品"第五季"进行大量的广告宣传，力求让消费理解并通过其广告具体的内容感受到一个年轻、时尚、前卫、自我的产品。滨崎步代言的广告在央视和各大卫视狂轰烂炸，甚至成为了那个时代广告的代表，但健力宝在市场上只是昙花一现。其根本原因就是终端铺货不到位，消费者看到广告却看不到产品，如何实现购买？铺货并不是企业或经销商想铺就能把货顺利铺下去的，铺货的产品、铺货人员的能力、终端阻力等种种因素都决定着铺货的结果。

另外，"广而告之"的广告投放方式要求投放的持续性要强。因为电视广告在黄金时段最有效，但资源有限广告又非常短，一次两次的投放几乎没有效果。一般来讲，如果企业连续能够两三年的时间进行持续的高密度的"广而告之"，可能会对该产品的销量能起到极大的促进作用。所以这种广告投放是一种天网式的，无遗漏的投放，是用大量的浪费资源来换取对目标人群的无缝覆盖。

鉴于这种无缝覆盖的能力，所以在我们《新闻联播》的黄金时段里面很多企业主，特别是大型企业争相去购买黄金时段。比如说我们现在看到在央视黄金时段投放广告的企业都无一不符合这样几个特性。一是企业体量大，资本雄厚，二是产品消费面广，三是以快消品居多，或者是价值很大的产品。对于专业性强的产品，我们可以看到很少有这种类型的广告投放。

网络广而告之是种粗暴行为

这种"广而告之"的投放方式延续到了网络媒体。如今，在网络上我们经常看到这样的广告投放形态。我们可以看到在几大门户网站里面，或者那些内容单一但专业性比较强的小型网站里面，基本上所有的页面，我们都能看到淘宝、京东、一号店、聚美优品之类的电商平台广告链接。

为什么这些互联网企业采取了如此简单、对网民非常粗暴的方式进行"广而告之"？可以通过分析这些纯电商企业具备什么样的特性，得出他们为什么要这么做。第一个特性是这类企业的资本非常充裕，用这种广告方式不遗漏的覆盖他们的目标群体是可取的，因为在前期，电商平台必须用资本的方式来换取迅速提高市场占有率；第二个特性是，在这些电商企业的平台上，其产品是全方位的，既有快销品又有价值很高的产品，也包括了部分可能一次性购买之后，要很多年才会购买的奢侈品，由于这些平台上产品的品种、种类众多，能够满足不同年龄，不同层次消费品的需求。所以在所有互联网上对内容的浏览，对产品的浏览，对各种问题咨询的人，都有可能成为他的目标群体。

当然，也有很大一部分人"并不买账"，可能因为年纪比较大对互联网接触不深，或者确实对网购"不感冒"，那么这类人可能不是目标消费群体。但是这类人相比接触互联网的人群要小，即使他（她）自己没有去网购，可能他的爱人、他的孩子、他的同事也可能通过网购的方式帮他（她）购买产品。

所以对于采取"广而告之"投放策略的企业，一定要有采取这种方式的道理。比如说，在电视台里经常出现联合利华的产品，在各大卫视包括地方的电视台都有其大量的广告投放。这是因为对于联合利华的产品，人人都消费，人人必须消费，人人还消费得起，而且消费的频率很高。所以联合利华通过这种电视的覆盖再加上网络覆盖的方式，甚至还有平面媒体的覆盖方式进行无缝的广告投放。因为联合利华的产品众多、品牌众多，就采取大规模资金覆盖到所有重要媒体，从而实现对其目标消费群体的无缝覆盖。但是这种类型的企业毕竟是少数，因为产品特性、资金要求的限制，这种方式并不适用于更多的企业。

第四节　网络媒体对广告投放提出新挑战

在互联网和移动互联网时代，企业要想寻找到消费者的轨迹，那么企业就需要通过网络媒体。网络媒体是承载消费者轨迹的一种介质。因为在产品到达目标消费者之前，除非面对面的直接交流，大部分是通过媒体的宣传来为消费者传递产品信息。

在互联网时代之前，企业大多都采用平面媒体、电视媒体、广播媒体这种大范围的"广而告之"的方式来告知消费者，很少知道这些群体是目标消费群体还是非目标消费群体。在互联网还未完全介入影响消费市场之前，企业与消费者的信息不对称，采取这种"广而告之"方式相对来说有利于有需求的消费者主动去寻找产品，去购买产品。但这种方式浪费了多少，带来了多少实质性的效果，是无法精确评估的。

从某种意义上讲，在互联网时代之前的广告投放就像是军事中的密集型轰炸，在各种媒体上"广而告之"，尽量不留死角，但在传统媒体占据广告传播市场主流的时代，广告主只能通过追求曝光度来实现广告信息的简单传递，而无法对其效果进行可量化的评定。

随着网络时代越来越介入到消费市场，随着主流消费群体的网络化，消费者的购物行为也发生了翻天覆地的变化，所以这为企业进行精确的广告投放提供了条件。但是在投放前，必须去分析现在的网络媒体的形态。网络媒体到底呈现什么样的形态？这种形态对于企业产品找到目标消费者产生了那些障碍？

　　互联网表现出来的最原始形态是用户的急剧攀升和扩展。这种扩展速度可以从三个数据看出来，第一个数据，根据中国互联网络信息中心（CNNIC）最近发布的《第33次中国互联网络发展状况统计报告》显示，截至2013年12月，中国网民规模达6.18亿；第二个数据，根据工信部公布的通信业经济运行情况数据显示，目前我国的移动互联网用户总数达到8.38亿户；第三个数据，根据最新统计显示，截至2013年12月，我国的网站总量达350.7万，网页数量为1500亿个，中国网民平均每人每月访问的网站数为75.2个，人均月访问网站的时间为51.5小时，平均每个网站访问的时间是0.85小时，人群页面浏览数达到2236.9页。

　　从这三个数据看出，互联网及移动互联网的网民基数已经足够庞大，我国企业的目标消费人群差不多分布在近6亿PC网络和8亿移动网络群体中，以80后、90后为代表的年轻主力消费群体基本上都涵盖其中。

　　网民很多，网站很多，APP的应用很多，这"三多"说明了在未来通过网络消费的群体将占消费者中压倒性的多数。这对精准广告投放是利好。

从广告到精确制导

　　互联网的蓬勃发展像一把双刃剑，给企业带来了广告投放的便利，但也提出了诸多的挑战。今天，企业必须问，在这么多媒体平台中，选择什么样的媒体才能够适合企业？或者说用什么样的方式，才能很精准地找到企业的目标消费群体？这是互联网时代企业需要认真审视的问题。

　　以前的传统媒体投放的方式是通过购买广告的位置，然后在这个位置上呈现出多长的时间的方式来投放。在这种广告投放形态之下，大部分的广告费用是被浪费掉的。这也是为什么美国商业百货商店之父约翰·沃纳梅克会说，"我知道我的广告有一半被浪费了，但是我不知道被浪费的是哪一半。"过去传统的媒体投放模式尚如此，如今互联网时代呈现出来的媒体形态更多，这个问题所带来的挑战更大。

如果采用类似传统的"广而告之"投放方式一样投放网络媒体，那么广告要覆盖的范围更大，大量的互联网媒体每一个网页的价格都是不菲的，综合算下来成本比平面媒体、电视媒体、户外媒体更高。

这就是为什么互联网媒体对广告投放提出了新的挑战，如何降低成本，如何实现精确投放，是互联网媒体广告投放未来逐渐完善和解决的问题。

第五节　企业如何做广告预算

广告投放是一件困难的工作

现在，很多企业老总都在抱怨经营企业赚钱难、竞争压力大。可是另外一个方面，花钱也并不容易。因为花钱就得花到刀刃上、花出效益，并且花出的钱可以带来更多的增值。因此，如何达成更好的效益是评估企业花钱值不值的最终尺度。企业怎么花钱、花多少钱才是理性的呢。

每到年底，企业做各项费用预算的时候，对于广告预算的分配都成了一个令人头大的事情，广告部门怎样花钱最合适？花多少钱合适？花多少钱既能拉升品牌效应又能给企业带来更多的销售额？对这些问题，企业管理层往往要争论半天，经过几番争论最后才能确定广告预算是多少。到第二年执行的时候发现广告的预算所产生的效果和预期相差太远，所以不得不中途停掉很多广告。当然，停掉很多广告的同时，销售也可能带来了一定的下滑。

从销售占比预算到广告成本预算

首先看一下传统的广告投放方式，其投放的依据是什么？做广告预算的依据一般是销售额百分比法，这种计算方法是以一定期限内的销售额的一定比率计算出广告费总额。比如说上年销售额是10亿，花费的广告费用占据整个销售额的5%。这个比例是企业根据往年经验，常年累积下来的一个广告投放比例。然后根据这个数据比例决定第二年花多少钱。

另外一个依据是考虑未来销售增量，也就是目标达成法，这种方法是根据企业的市场战略和销售目标，在当年的基础之上增加多少增量，这个增量需要增加多少广告费用的投入才能达成。

除此以外，企业还需要增加一部分机动类预算，这个预算可增可减。如果投放效果好就多增加些投入。或者有什么新的广告投放方式，也可以多加些预算。如果某种投放方式对销量没多大帮助，就减少一定的投放。

无论是哪种方法，就多数企业而言，做广告预算都是用历史经验和对未来的销售预期来判断投入。企业投放广告都是以企业未来增长为出发点。站在企业的角度看，广告投放的多少可能是考虑企业的利润率，也可能是考虑企业现在的承受能力和在未来同类型产品的市场份额。当然这种经验也有部分采取了调研的方式，调研多为第三方机构进行。

传统媒体还投吗

接下来要考虑的是投放什么媒体。这是企业的企划部门重点要考虑的事情。我们通常看到一个企业在确认总预算之后，第二个就是要确认投放媒体，确认每个类型的媒体在总预算里面所占的份额。通常以电视、网络、户外、公关软文等这几种形态来划分所要投放的媒体平台。

我们来分析一下这几种媒体投放的形态到底会产生哪些广告效应？这些媒体产生广告效应叠加在一起的合力又会产生怎样的广告效益？

专业媒体的投放，企业一般基于两个考虑。一个是考虑这个专业媒体是否属于行业性媒体，对这类媒体，基于关系的维护企业需要做友情战略式的投放。这类投放广告带来的效果可以忽略不计，因为这考虑的是关系维护。第二个考虑，专业媒体的阅读人群主要为专业人士，那么企业通过投放，希望能影响这个行业内的专业性人才和商业人士，对其召集人才和招商会产生一定的帮助。

其次是大众的平面媒体，比如大众阅读类杂志，各大报纸媒体。这种平面媒体在互联网时代之前是社会舆论和社会信息来源的主要平台，它的发行量很大，对受众的影响也很广。对这种平面媒体的投放，主要是产生一种"广而告之"的投放效果。以纸质为载体的媒体在当下的影响力已经急速下滑，所以要像以往一样产生"广而告之"的效果已经大不如从前。

但这种传统的平面媒体还有一个优势，就是企业可能会出于媒体关系的维护而输送一定的广告投放。因为媒体掌握一定的话语权，有给企业制造负面新闻的可能，所以很多企业希望通过广告投放的方式让媒体在做企业负面报道的时候能够有所收敛。这在本质上是一种公关行为，与广告投放所要达成的效果关系不大。

但是在今天，传统的平面媒体，除了极少量的平面媒体还略有价值之外，对消费者的触及已经变得微不足道了。海尔在2013年给平面媒体杂志发过一道公函，宣告从2014年开始，海尔投放的平面媒体，硬广要全部取消，只有内容的合作。

我们可以很明显地看到，海尔的需求明显地表现为两极分化，平面广告放弃是因为没有对消费者影响的价值。但为什么要做内容的合作？那是基于对媒体的关系维护和对于企业想法的阐述。所以过去平面媒体还占据企业投放很大的一部分份额，但今天这种投放已经剧烈下滑。

还有就是电视媒体，电视也是处于一种"广而告之"的媒体。选择电视媒体的也基本上属于大中型的品牌企业，因为一般的企业无法承受电视媒体的高昂价格。

第三种是对网络媒体的广告投放。在全国将近有300万家网络媒体中，企业在选择网络媒体投放的时候经过精选，只会投向少量的网络媒体。到今天为止，对网络媒体的投放也分成两种，一种是专业的网络媒体，这种专业的网络媒体多数是对行业的信息解读。对于厂家而言他们也是希望通过这样的专业媒体招纳所需要的专业人士，或者需要专业人士对行业产生影响力。对于这样的专业媒体消费者看得很少，对其产品销售没有直接的影响力。

投放的第二种网络媒体是属于门户网站，社会化媒体。企业对这类媒体的投放也是基于"广而告之"的目的，因为现在大多数广告的投放还没有做很好的区分。但是在网络媒体中有一个值得关注的投放方式，那就是搜索广告。搜索类广告作为一种精准的广告投放方式，更容易锁定目标消费群体。

第五种是户外广告。户外广告只能是部分少量的企业采取的方式。户外广告从看到的人群来讲相对很少。但是户外广告对于展示某些大品牌，在某些重要的场所确实有一定的画面震撼力，能够很好地呈现出产品的质感。但核心问题是，能够看到这些户外广告的人群，只有路过户外广告陈列的地方才能看到，没有路过就看不到。所以对于户外广告能真正影响的人群是有限的。如果说全面影响大量的消费人群，那就需要进行大量的户外广告的采购，而户外媒体的采购价值往往不菲。

上述这些常规的媒体投放，就是传统企业在做媒体投放时候的选择。当然在做每一种类别媒体投放的时候，可能对于具体的每一种媒体适当做出调整，但是媒体投放大体上就是这几种平台。

现在，我们重新审视上述传统的广告投放平台。不能否认这里面有相当多的媒体平台仍旧对消费者引流继续产生很大的影响力。但我们可以看到，除了搜索广告之外，每一种媒体影响人群都是以"广而告之"的方式，并且多有重合。

很明显，这是一种广告浪费行为，既不经济也不划算。

未来，效果不能数据化的广告都不是好广告。

第六节　搜索广告的优势与劣势

在互联网时代，搜索是每个网民的日常行为，搜索的痕迹就表明这个网民可能对这类产品有需求。

在百度、谷歌这类大型搜索引擎里面已经有很多这样的广告投放方式。当我们在搜索一个产品的时候，比如说搜索"酷漫居"儿童家具，会看到"酷漫居"本身的官方网页链接，同时我们也能够看到在网页的右侧面有更多其他类似企业的推广链接。

"酷漫居"作为儿童家具的主要企业之一，当消费者对其产品感兴趣去百度搜索"酷漫居"的时候，说明这个人首先对儿童家具有兴趣，可能这个人家里面有孩子。对于"酷漫居"这是一个需要竞争的目标消费者。

对于百度而言，就开启了这样一种竞价排名的广告投放方式。李彦宏曾说过，百度可以按照消费者的搜索习惯将两亿网民进行区分，可以分辨到无穷细，精准到无穷小。

除了像百度、谷歌专门的搜索类网站，网民们也在电子商务网站里面产生这种搜索行为。比如说在当当网或亚马逊搜索《大数据时代》这本图书的时候，还可以看到很多其他和"大数据"相关类型的图书也在推荐，也就是说当消费者搜索这本书的行为表明了购买意向。那么对于电子商务网站的其他竞品而言，会迅速对这样一个潜在消费者感兴趣，让其产品迅速地与这个潜在消费者进行对接。所以，这是利用产品之间的相关性来做的一种广告投放。

搜索只能解决部分问题

靠搜索锁定目标消费者的方式，只能解决部分问题，不能解决全部问题。这是因为当网民们产生搜索行为之后要么可能迅速完成对产品的购买行为，要么不需要搜索，消费者本身已经对目标产品和企业都有了明确认知直接产生购买行为。或者说，搜索广告是一种等客上门的模式，只有消费者搜索了才有展示机会。

前面阐述过如何对潜在消费人群进行地域特性、兴趣爱好和购物行为进行跟踪、分析。首先通过数据追踪和分析找到那些可能产生购买的目标人群，提前预测他们未来的消费需求，然后对这种可能性的目标人群提前进行广告投放。也就是说在消费者产生购买行为之前已经能够通过数据分析、预测到消费者可能产生的购买行为，提前进行了广告的投放，让他对投放的广告产生兴趣。因为这种投放是预测到消费者正好需要了解这样的信息，正好需要这种类型的产品，是预测性的"投其所好"。在这种情况下，企业给潜在消费者的信息很及时、恰到好处地解决了他的及时需求。

过去传统的营销思维中有一个"终端拦截"的概念，就是在消费者进卖场附近时，就必须要在店面之外铺设大量的户外广告，或者大量的地推人员，引流到店面消费。这种终端拦截战术是一种赤膊战斗的战术，比如王老吉和加多宝为了争抢终端，两边的人马大打出手，甚至受伤的情况出现。

搜索如何被拦截

这种终端拦截其实在搜索广告中，也被很多企业采用。

企业投放某种类型的广告时，具体网页平台上也会面临广告位置之争。也就是说当潜在消费者对某一类产品进行搜索的时候，提供同类型产品的企业有很多家。对于这样一个网页来讲，和实体卖场的外围一样，其广告位是有限的，推广空间是有限的，能够呈现出来的产品、品牌、平台链接入口数量页也是有限的。比如，当我们搜索"家具"这个关键词的时候，通常会看到，在关于这个词的流量入口，首先被那些资金强大的企业所把控，这和线下实体卖场如出一辙，在大卖场的外围，我们通常会看到，好的广告位也是被那些资金强大的企业所把控。

具体分析下家具行业，在目前来看，百度里搜索"家具"时，搜索页面会出现很多家居类的品牌企业。其实，百度搜索广告呈现出来的形态给目标消费群体增加了一定的选择难度。所以当企业想要与消费者沟通产品的时候，有投放实力的企业在关键词进行了拦截。再往下面看，排列五、六、七、八以下几个广告位置，一般消费者不会去详细注意。

此外，更精准的一种广告投放方式是注册型。这是目前很多电子商务网站都在做的。当一个用户在某个电子商务网站注册了自己的个人信息的时候，那么这种注册行为就表明了这个用户是这个网站的潜在消费群体。这个用户就跟这个网站建立了紧密的消费关系。这种注册型的广告投放针对大的电子商务网站，如京东、淘宝，也针对行业的网站，比如说服装品牌电商企业"凡客诚品"，如果用户在"凡客诚品"上注册了自己的购买信息，并且是常年购买"凡客诚品"的客户，这就是"凡客诚品"的精准目标客户，是常年能带来价值，对凡客产品有消费意愿目标客户。

这几种基于互联网和电子商务平台的精准广告投放，每一种投放的方式不一样，所针对的企业也不一样，所以要根据企业的具体情况、如企业规模、产品特性、品牌影响和企业要达成的销售的目标来决定用什么样的方式会更优。

但在互联网时代，每一种广告投放的方式，最终都要实现数据化评估，不能数据化的广告，都不是好广告。

第七节　预测型的人群定向广告投放

搜索广告很精准，但作为投放企业来讲，它不能解决全部问题。我了解家居产业搜索营销做得最好的企业，通过搜索带来的流量也没超过20%，这还是通过在搜索入口强力截流，以及大量的优化人员完成的，成本不菲。作为被动等待的搜索竞价排名广告之外，有没有可以很好补充的广告投放形式？

预测型广告与搜索型广告的互补

在互联网前时代，在电子商务平台出现之前，企业无法对广告所覆盖的人群和所要获取的目标消费者进行数据分析。在这种情况下，采取"广而告之"的投放方式是无可厚非的，传统媒介也是企业进行广告投放的最优选择。

随着大数据和云计算时代的到来，使厂商得以有机会与条件对消费者进行分析与预测，以消费者为中心进行广告投放。过去囿于没有线下消费者的数据，及消费数据的散乱、匮乏，企业很难捕捉到究竟是哪些人在消费企业的产品，也很难把握消费者使用产品后的真实感受。但现在借助互联网所积累的消费者数据，利用云计算的计算能力，企业可以利用第三方服务商，对消费者的消费行为和消费路径及消费后是否有意愿再次消费进行分析。

我们可以从企业销售总额倒推广告投入。在企业一年所产生的销售额里面需要多少消费者来贡献？每个消费者身上分摊的广告费用又是多少？比如说一个家具企业，当年达到3亿的销售额，我们来分析这3亿的销售额需要销售多少产品，然后根据销售多少产品大致计算出需要多少消费者购买产品。如此计算，就可以大致推算出分摊到每一个消费者身上的广告成本有多少。同样，当企业第二年要在第一年的基础之上达到销售增加百分比的话，也可以推断出第二年的广告投放需要比第一年增加多少目标消费人群才能达到这个百分比增量。

上面讲到，企业传统的预算方式通过大范围的"广而告之"影响消费群体进行购买，在此影响下，消费者购买企业的产品，为企业带来销量。但这种传统的网络投放目前面临很大的困境。从投放层面来讲，网络传播越来越呈现传播价值碎片化的干扰，企业的目标人群混杂在全国6.08亿网民中，分散在全国超过294万个网站里，在这种情况下选择单一或少数网站媒体采取"广而告之"的投放方式，其实很难达到"广而告之"的效果，对294万个网站而言，企业所能覆盖的规模相对而言很小。杯水车薪，很难实现对潜在消费者的引流作用。

家居DSP预测性广告特性

抛开媒体因素，直接面对媒体背后的人群，这就是刚刚兴起的DSP人群定向投放广告模式。

DSP 即需求方平台，它与 Ad Exchange 和 RTB 一起迅速崛起于欧美，属于新兴的网络展示广告领域，近年来已在全球快速发展，2011 年已经覆盖到了亚太地区以及澳洲。DSP 在互联网展示广告的高速发展创新中扮演了极其重要角色，它可以使互联网展示广告市场更加透明，高效，和可控，非常符合未来网络广告发展的趋势。

真正意义上的 DSP，必须拥有两个核心特征：一、拥有强大的 RTB(Real-Time Bidding) 的基础设施和能力；二、拥有先进的用户定向 (AudienceTargeting) 技术。

作为一种新兴的广告投放系统技术，DSP 投放是一种非常有效的预测性投放，有效的解决了广告投放的几个关键痛点：

1、投放的是目标消费人群而不是位置，有效地控制了以前无法避免的浪费，无疑提高了投放效率。

2、预测性投放，抢占先机。

3、大幅降低投放成本，性价比高。

4、能短时间进行大范围曝光。

5、能随时调节优化投放，不断提高效率。

假如现在有 A 和 B 两个企业的目标人群混杂在某个网络广告位置所覆盖的 10000 人里，根据算法，A 企业的目标人群只有 400 人，如果以前投放广告，另外对 9600 人的广告投放都是浪费的，所以 A 企业只希望针对 400 个人进行广告投放，B 企业希望针对另外 600 个人投放广告。按照传统的投放方式，如果这两个企业要覆盖产品的目标人群，就必须全面投放这些广告才可能全部获取目标人群，假定所花费是一样的，都是10000元，每个人的成本承担的媒体成本是1元。

现在企业采取DSP人群定向投放的方式，A企业只对自己所要投放的400个人进行投放，而B企业则只对自己所要投放的600个人投放广告。A企业和B企业都各取所需，分别投放各的目标群体。

按照这种方法我们再计算企业所投放的金额。原来的投放成本是一块钱一个人，但那是针对10000人进行投放，对于目标人群而言，相当于400个目标人群，每个人分摊的广告成本是每人25元，如果采用DSP人群定向投放，企业只对400人花钱，按照目前的投放效率，400个人的成本话费估计在2000元，每人分摊的成本约5元，4~5倍的投放效率差。B企业将会是类似的结果。

有人也许会问，媒体原来能收10000元，现在收的费用是不是少了？不会，在这个媒体位置的访问人群中，A企业对400个访问人群进行了广告投放，B企业对600位目标人群投放，剩下的9000人将会是其他企业产品的目标消费者，媒体方可以将这些目标人群进行拍卖交易，如果10000个人群全部拍卖出去，企业将会获得更多的收益，同时解决了很多长尾媒体位置的空置问题。

预测型是以行为分析为基础

在新的数据计算思路之下，企业对互联网媒体的投放是以精算为基础。用更少的钱，实现了对潜在的消费者的广告投放。

这种思维的好处就在于，当企业只是考虑产品目标消费群体的时候，用程序化和数据化的方式去对这个目标消费群体进行广告展示的时候，显然我们只对真实部分的目标消费群体进行了投放，大量无效投放都可以节省下来。

如果按照销售额来计算，以前广告投放的花费比例是销售额的5%，现在换成 DSP 投放方式的话，按照目前的效率比，应该只要花费预期销售量1.5%左右的比例，可以说大大提高了效率。

除此之外，在新的投放思路下，还有一个显而易见的好处，那就是杜绝了"广告投完，受众丢光"的现象。因为在这种投放模式下，消费者接受的广告信息对他（她）而言都是有价值的，没有像以前那样被强制性地"弹出广告"所骚扰。要知道这样的"骚扰"多数时候都会让消费者对广告平台甚至广告产品产生负面影响，所以，这种广告不仅是浪费的，甚至是负面的。

关于这种负面的影响，最近也是最明显的例子要属于新浪微博，在阿里巴巴入股后，新浪微博开启了高速的商业化发展模式，微博里的淘宝广告也充斥进来。背靠阿里巴巴这棵大树，新浪微博希望通过社会化营销产品快速变现。可新浪微博的广告投放方式，没有充分考虑到用户感受，更像是将淘宝直接生拉硬拽到了微博上。这样的粗暴方式导致的直接结果是，用户体验大幅下降，因为这些广告微博并不是用户要关注的对象，影响了用户的使用体验。在这种情况下，很多用户也纷纷逃离新浪微博，而更多的用户是减少了使用新浪微博的频率。

当然，作为初次广告营销试水，新浪微博在广告投放上的优化空间还很大，假如未来能够从用户的体验出发，为用户量身打造愿意接受、有兴趣关注的广告，则其作为广告平台的发展潜力应该是巨大的。

获得尊重是基本要求，消费者也渴望在被尊重的前提下去接受广告，新浪微博也好，其他各类网络平台也好，如果广告平台在为广告主量身定制广告的同时，也能为用户量身定制广告，不仅把有限的资金投到精准的人群，而且其投放效果可以监测，可量化，可跟踪，可优化改进，企业还可以借助广告投放完成和消费者的及时互动，迅速调整其产品和营销策略，这才是基于大数据和云计算下，广告要达到的真正目的。

对 话

与土巴兔总裁王国彬的对话

李骞：王总，在做土巴兔之前，您是从事什么工作的？后来怎么又转型土巴兔？简单谈谈这个过程。

王国彬：第一次创业的时候是做培训学校，主要是培养设计师及程序员，这个学校搞了10多年，为了解决学生们的就业问题，自己又投资做了一个装修公司，这次创业比较顺利。第二次创业是在2005年同时创办了一家互联网搜索引擎方向的网络技术公司，这个项目做了两年多，虽然得到了一定的收获，最后还是失败了。我总结失败原因是，当时有点不太专注，同时做了很多事情，分散了注意力。

2008年的时候我在想，接下来再创业的话一定要找准价值后再去考虑技术的完美，因为实用的价值永远是超过高深的技术。之后，我结合自己前后两次创业经验，既了解装修，又了解互联网，所以就创建了现在的土巴兔。

李骞：土巴兔在发展的过程中，起初主要是聚焦在了那块儿？主要聚集了哪方面的资源？

王国彬：主要聚焦在装修公司。我们常说装修公司是一个中介单位，有点片面化
和极端化。我们可以将装修公司看做是协调设计师和施工队之间关系的
不可缺少的一个环节。因为设计师和施工队如果没能协调好，他们之间
就容易互相推诿。出了问题，设计的说施工的没到位，施工说设计的有
问题。我觉得装修公司还是有一定作用的，所以当时就把装修公司整合
进来，让装修公司赚合理的钱。除此之外，土巴兔上也会汇聚了许多优
秀的设计师。未来以哪个为主流的话，我认为顺势而为吧。

李骞：刚才您说了装修公司和设计师。那么在土巴兔上面，施工队这一块儿还没有
开始做吗？

王国彬：其实施工队现在大部分都整合在装修公司里面，当然各地施工队在装修
公司中占比不同。装修公司有施工队的档案资料。我们没有直接让业主
去找施工队，更多是考虑到当前业主直接找施工队缺乏保障，还存在很多
风险。其实土巴兔主要是为业主提供服务的，就是让业主装修满意后付
款。这也是在顺应整个行业的潮流吧，我们总是在提醒或者教育装修公
司，让他们只赚该赚的钱，这样，每一笔成交的订单都会成为你无形的
资产和口碑的记录。当然，在这个过程中，土巴兔并没有收取装修公司
的佣金，也没有增加业主去选择装修公司产生的成本。

李骞：土巴兔没有收装修公司的佣金，那靠什么盈利呢？是靠收介绍费吗？

王国彬：没有介绍费，其实就是一个简单的信息费或者广告费。因为这个费用不
会影响装修公司的报价。因为在线下他要完成订单也要出营销、销售人
员的费用，或者他投到同类任何一个平台上去都会产生费用。就是说这
部分信息费或广告费，无论线下还是线上都是省不了的。
我们根据业主的意愿，他需要什么样的装修公司，我们就找什么样的。反

过来，一家装修公司，他需要接什么样的单就接什么样的单，这样就起了一个自然匹配的作用。我们不会随便给装修公司拉单子，而是看业主具体有什么要求，他是要性价比高的还是其他什么装修风格？我们会把对应的、受以往好评的装修公司介绍给业主。我们会根据一项加权算法模型，将最优质的装修公司推荐给消费者。也就是说对消费者而言，我们帮消费者提高了选择的决策速度，既方便了消费者也方便了装修公司。

李骞：也就是说土巴兔提高了装修这个环节的效率，这需要好的数据处理吧？除此之外，土巴兔还有那些价值点呢？

王国彬：是的。土巴兔通过数据分析，决定将什么样的公司推荐给业主。因为业主在线下调查每一家装修公司的历史情况是非常难的。土巴兔通过智能匹配找出最合适的装修公司，再介绍给业主，这本身就是帮业主做了决策的过程，我觉得这就是土巴兔的一个价值点；另外一个价值点是，由于土巴兔平台聚集了大量的业主，所以装修公司可以把他们过去线下传统的营销渠道砍掉或者缩减，通过土巴兔，他们以后就会将更多精力放在服务和质量施工上面，这是他们创造的第二个价值点；因为装修公司通过土巴兔做好服务之后，品牌知名度也便提高了，接单也更轻松了，他们就愿意支持土巴兔装修满意后付款，因为他们觉得他们施工质量已经上来了，这对于业主来说又是一个价值点。

李骞：土巴兔如何保证业主装修后满意？如何让装修公司达到先装修满意后付款？

王国彬：为了保证装修满意后付款，土巴兔有自己的监理团队，会对工地进行监督。目前我们的监理团队一部分是自建，另一部分是和第三方合作。这个成本其实还是蛮高的。所以这就考虑作为家装行业内的O2O公司，未来可能更多的是考验我们整体的运营效率，尤其是IT支撑系统的运作效率。

举个简单例子，可能在前期由于我们的用户比较少，还不太好操作。但是在用户多的时候，比如说我们派出去一个监理，就会根据线下装修的地理位置，为他提供路线图。就是说让监理不会走重复的路线，这样我们一个监理就会在一天时间内同时监理几个装修工程，大大提高了效率，也节省了成本。

李骞：未来土巴兔要想实现更多的盈利，将会在模式上有什么突破？

王国彬：当前，我们只考虑如何更多的为业主创造价值，一个有价值的平台是不用担心自己的盈利模式的。装修的价值链特别长，只要用户认可你的价值，可以创造收入模式的地方有很多。

李骞：您认为未来装修行业如何靠互联网提高效率？

王国彬：对装修行业而言，你不懂行的话很难完成互联网化。作为土巴兔这类的装修电子商务平台应该要深入的走到行业中去，理解装修行业的背景和线下完整的运营流程。

如何让传统的装修公司不要去搞一些影响其真正业务水平的事情是非常重要的。装修公司要多花一点时间和精力放在提升施工工艺这方面，而不是不花大量的时间去做营销。装修公司完全可以依靠土巴兔这样的平台来提高自己的运营效率和核心竞争力。另外，土巴兔还拥有中国最大量的室内设计师，这部分资源怎么去更好地利用起来为整个行业服务，我们一直在做积极的实践。

砖头、金子与工匠精神

　　在互联网和移动技术高速发展的背景下，写一本关于家居行业变革的书多少有点"吃力不讨好"。之所以这样说是因为在整个商业生态急遽变化的今天，今天所描述的，明天很有可能面目全非；今天所思考的，明天很可能就被迭代；今天所想象的，明天很有可能就以事实呈现在我们面前。

　　既然如此，为何还要写这样一本书呢？就是因为其变化快，才值得我们去研究、探讨、梳理，假如没有变化，停滞不前，也就失去了研究的意义和价值。其他行业已经做了很多这方面的研究，但家居行业关于互联网化、O2O方面的研究还不够多，不够透，即便大家都在热火朝天的讨论，即便每天各大门户、微信公众账号有这方面的内容发布，但似乎都还没来得及认真而又系统地梳理过行业的前生今世，及未来行业各个价值链所面临的问题，因为这个行业的特殊性决定了梳理的难度。

所以我下决心做一点深入研究，也就是今天大家热衷讨论的家居 O2O。从去年五月开始萌生这个想法，至今已一年有余。一年来，我采访了很多行业内的标杆企业，接触到了很多业内著名的专家学者，也阅读了大量关于互联网和电商的资料，虽然经过比较缜密的观察、调研和思考，有很多有价值的观点和方法，但由于时间上的仓促，或者自身思考的局限性，书中所阐述的观念仍旧有很多不详尽、不到位、不成熟的地方，这也是本书最为遗憾的地方。

在本书初稿完成之际，我回过头来重新梳理，发现一年前、半年前的很多想法在今天已经被一些企业所佐证所超越，于是我又进行删减和修改，这样的过程重复几遍，发现如此下去便会没完没了，所以还是决心尽快将该书付梓出版，抛块砖头。

这也许就是互联网时代给传统写作方式带来的困扰和挑战吧，就像是互联网对传统行业带来的挑战和困扰一样。由于环境变化太快，以至于我们无法用固定的传统模式完成固定的事。借用 360 总裁周鸿祎的话，如果以传统的商业经济思维进入到互联网时代去竞争，无异于鲨鱼爬到陆地上去跟豹子搏斗，肯定是要输的。

能不能换一种思维、换一种能让大家都参与进来的模式去继续研究家居行业的互联网进化？

大智兴邦，不过集众思。在一个庞大产业面前，涉及环节如此众多，要想一个人完成产业的观察，都是不现实的。我们这个行业要想真正挖掘出有智慧的成果，也必然是来自于业内乐意分享者的思考和智慧的集聚。因为通过众人的参与，未来的研究呈现出来的将不会是一个人的主观判断，而是大家的集体智慧。但在思考问题的深度上，对每一个细节和实施的思考，工匠精神永远有效。

我们因此联合了一些行业专家、媒体和企业的电商高管，不断通过沙龙、论坛和对一些话题的深入研究，来对行业进行更多的思考。在未来有关行业的研究成果上，将采取联合署名的方式将参与者记载到"功劳薄"上。采取这样的方式，也是为了将行业内先知先觉们的思想聚合起来，一起思考行业的未来，一起探索行业的未来，为我们行业的未来变革提供更多智力支持。

相信行业的未来是掌握在先知先觉者手中，也掌握在我们对现实的正确研判上。希望各位业内外的"大神们"加入到我们的思想盛宴中，戮力而行，为行业的健康发展添砖加瓦、注入活力，做行业未来的佼佼者和先行者。

最后，要特别感谢本书在成书过程中为我提供诸多帮助的朋友们，没有他们的帮助，本书难于面市，真的特别感谢。

李骞

2014 年 8 月 18 日北京

中国家居家装电商研究院

中国家居家装电商研究院
Institute of Home-furnishing E-commerce

中国家居家装电商研究院由全国工商联家具装饰业商会主管，全国工商联家具装饰业商会电商专委会、网易家居、唯众智算、销售与市场杂志共同发起，致力于为家居家装企业的电商发展提供理论指导及实操培训。

研究院的目标是，协助家居家装行业的电商人和营销人互相学习交流，提升业务水准；互动娱乐，破解苦逼行业的沉闷气息；组织跨界交流及实地考察，与电商、互联网、学界及其他行业的互动学习。并利用众筹、众包方式，完成在产业互联网时代的家居家装电商、O2O 模式、大数据等课题理论研究以及社群案例分享等。

研究院成立后，我们陆续开启了系列活动：

7 月 3 日，举行了北京茅台会电商沙龙，电商专家唐人和惠达董事副总裁杜国锋做了主题演讲，随后进行了主题沙龙研讨。

7 月 9 日，举行了广州建博会电商沙龙，并对首批研究员颁发了聘书。

8 月 7 日，组织了 20 位企业董事长、高管或电商负责人参访家居电商第一品牌企业美乐乐，电商营销专家李骞，家居电商专家唐人和美乐乐 CEO 高扬分别作了主题演讲，并于 7 日晚作了家居产业企业的第一场私董会，4 位专家为案例企业作了电商问题精彩分析（案例企业为国内知名上市公司）。

8 月 22 日，组织了 20 多家企业代表参访知名家居建材电商企业齐家网，电商营销专家李骞，家居电商专家唐人和齐家网高级副总裁毛新勇分别作了主题演讲，并于 22 日晚作了家居产业企业的第二场私董会，4 位专家为案例企业作了电商问题精彩分析（案例企业为国内知名家装公司）。

私董会报名电话： 18511286781（阮崇晓）
参访游学报名热线： 18611144430（王燊）
13764796907（芦苇）
联系邮箱： 1468639680@qq.com

中国泛家居产业
大数据营销开启者

隆重推出针对行业企业实践O2O模式的杀手级产品

引流宝

线上线下引流"神器"

引流宝，家居业大数据精准营销人气产品，炼就火眼金睛，运用消费者数据，进行程序化分析，只对目标人群进行广告投放，不再为非目标人群买单，不管是线上，还是线下，实现精准引流，流量到哪里，生意就到哪里，费用减半，效果翻番。

线上做电商，没流量？ 线下搞促销，没人气？ 引流宝，帮你做到：

1、人群定向：引流宝，通过分析网络用户的日常网络行为，比如：性别、地域、年龄、收入、人生阶段、关注行为、网络购买行为等，给众多的网络用户贴上标签。广告投放时，引流宝会选择适合你的网络用户，给他们展示广告，增加精准度。

2、大量引流：引流宝，全面对接了淘宝、新浪、腾讯、百度、谷歌、秒针、好耶、优土（优酷、土豆）、凤凰、迅雷等媒体平台，能够实现全网目标人群短时间内的全面覆盖，不买具体媒体位置，只对目标人群买单。还可以选择区域、选择时段、选择媒体进行定制投放。

3、减少广告费：引流宝，只对目标人群投放广告，减少媒体重复购买，并且程序自动优化，选择价格便宜的媒体位置对目标人群投放，性价比高，费用减半，效果翻番。

4、持续优化投放：传统的网络广告投放，买位置、买时间，不能根据投放效果及时进行优化。引流宝，实时优化，通过实时的数据反馈，进行调整，不断提高投放效率。

5、即时效果分析：不能数据化的广告不是好广告，当引流宝的广告投放2小时后，我们就会有数据的产生，通过这些数据，帮助企业进行决策。

基于大数据的消费人群分析，唯众智算还为家居企业提供以下服务

品牌定位咨询及视觉设计
大数据、O2O培训（众筹模式）
企业消费者研究及舆情监控

引流宝服务咨询电话：010-56245983　18611144430
品牌定位及视觉设计咨询电话：010-58263475 转 104
详情请搜索『唯众智算』或者登录：www.wzzs168.com

唯众智算